Teresa Urban

DEZ FITAS E UM TORNADO

EDITORA ARTE & LETRA

Editor: Thiago Tizzot

Capa e diagramação: Frede Tizzot

Revisão: Vanessa Rodrigues,
Tatiana E. Ikeda e Barbara Terra

© Arte & Letra 2013

T72d   Urban, Teresa
         Dez fitas e um tornado / Teresa Urban. Curitiba : Arte
      & Letra, 2013.
         200 p.

         ISBN 978-85-60499-41-0

         1. Literatura brasileira. 2. Romance. I. Título.

                                                    CDU 82-31

ARTE & LETRA EDITORA
Alameda Presidente Taunay, 130b. Batel.
Curitiba - PR - Brasil / CEP: 80420-180
Fone: (41) 3223-5302
www.arteeletra.com.br - contato@arteeletra.com.br

Para Egui,
um inesquecível blend *de Dom Quixote, caubói e Gardel*

Time is so old and love so brief
Love is pure gold and time a thief
Ogden Nash/Kurt Weill

O corredor é escuro e úmido, fede a mijo e merda. Para segurar o vômito que sobe fácil até a garganta, me concentro nos desenhos das poças formadas pelo esgoto que corre no chão. Dez horas da manhã, o sol bate forte na Ala Leste e vaza pelas frestas e buracos das chapas de zinco vagabundo que cobrem as grades das celas. Meus passos arrastados e os coturnos dos guardas agitam as poças e a luz refletida na água dança de um lado para o outro. Logo passaremos pela 111, cuja chapa está perfurada por 37 buracos de bala – não é lenda, já contei. Na verdade, é a cela 11, mas alguém escreveu, com sangue ou tinta vermelha, o terceiro 1, acho que para lembrar os mortos do Carandiru. A história dos tiros eu não sei, mas a luz que passa pelos buracos forma pontos brilhantes e sempre penso naquela música *minha vida era um palco iluminado...* Tento lembrar a letra, mas não consigo, minha memória já não é tão boa, a quimioterapia está levando meus cabelos e meus neurônios.

De qualquer jeito, o pior da náusea passou e agora preciso ficar atento porque estamos muito perto da 111. Mais três passos e o sujeito que está lá dentro vai começar a gritar, como sempre faz desde que atravessei esse corredor pela primeira vez e vomitei na frente da cela, há seis meses. Não sei quem é ele, mas ele sabe meu nome:

— Eh, Suçuarana, tá mais careca esta semana!

Ou então:

— A perna está mais boba, Suçuarana!

Segue detalhando meu triste estado, para terminar sempre igual:

— É, Suçuarana, quem te viu e quem te vê!

Ele deve ter visto minha foto, que foi publicada em todo lugar quando fui apresentado pela polícia, preso bem apessoado, de terno e gravata. Como estou tornado num esqueleto, boca torta e babona, um olho meio cego e lacrimejante, braço e perna semiparalisados, quase calvo, ele bem que tem razão, quem te viu e quem te vê...

Dele, só vejo os pés, pois a ferrugem que está comendo a chapa abriu uma fresta larga na parte de baixo. Ele fica parado, descalço sobre as imundícies, as unhas pretas e redobradas, fincadas na pele cheia de feridas cobertas de pus, que às vezes sangram.

Cheguei na cadeia com direito a tratamento médico e penso na raiva que ele sente cada vez que suas unhas rasgam a pele purulenta. Acho que vem daí a vontade de anunciar minha progressiva decadência.

A voz que vem da cela é mole, pastosa, bêbada, mas agita os outros presos. Também não os vejo, mas percebo movimentos e sussurros pelas frestas.

Aqui dentro, esse corredor é conhecido como Pavilhão dos Esquecidos. Pouco mais de cem metros, quarenta portas, quarenta celas, quarenta desgraçados. São presos de penas longas, pobres, loucos, abandonados pelas famílias, condenados por crimes que nem cometeram. Nos dias de visita aos presos – aos outros presos –, os Esquecidos ficam sem comer porque os guardas vendem as quentinhas para o pessoal que aguarda na fila da entrada. Podem fazer isso porque aqui ninguém reclama.

Eu sou a única diversão desses desgraçados. Acho que eles apostam toda semana para ver quem acerta o quanto piorei. Na única vez em que atravessei o corredor enrolado num cobertor e de gorro na cabeça, num dia de muito frio, a fala foi outra:

– O filho da puta lazarento está todo embrulhado!

Só isso, e um silêncio pesado.

Pelo sim e pelo não, desisti do cobertor, pois quem sou eu para tirar deles o prazer de apostar na minha miséria? Afinal, só passo por aqui duas vezes por semana, a caminho do ambulatório externo onde faço quimioterapia. Poderia ir pela Ala Nova, mais limpa, silenciosa, sem frestas nas portas das celas, mas a caminhada é mais longa e, francamente, me acostumei com a cantilena do preso e seus retratos falados:

– Eh, Suçuarana, tá babando feito cachorro louco!

De qualquer jeito, a travessia é demorada porque ando muito devagar, arrastando a perna, centímetro por centímetro. Os guardas não me ajudam, mas não forçam a marcha; seguem o meu ritmo lerdo porque toda semana pinga uma grana extra para pagar pela paciência.

No final do corredor dobramos à esquerda, deixando para trás o fedor, a escuridão, os gritos e os sussurros. Mais trinta metros e atravessamos a porta que dá no ambulatório. Lá, os guardas me deixam sozinho na sala de espera. Tudo é limpo e novo, consulta com hora marcada para evitar aglomeração de detentos.

A porta do consultório está aberta, mas o médico está tão concentrado diante do computador que não percebe minha presença. Fico olhando o claro-escuro do reflexo da tela na lente de seus óculos, a mão pousada no *pad* ergonômico e penso que a única coisa de que realmente ainda sinto falta é do clique do *mouse* que me levava ao infinito, monitor adentro.

Um alarme discreto anuncia a hora da consulta e ele levanta os olhos. Parece assustado por me ver. Sei que sou um morto-vivo, mas ele já está acostumado, então não deve ser isso que causou o susto. Quem sabe estava verificando seus investimentos e achou que eu poderia ter visto alguma coisa, mas o reflexo em suas lentes não mostrava números, eram apenas manchas claras e escuras. Fotos de sacanagem? Não faz o gênero dele, conheço bem a ficha do homem, afinal escolhi a dedo quem receberia minha doação anônima que permitiu a construção do Ambulatório Escola Externo à Prisão Central. Fazia isso com as sobras da prestação de contas ao Senador. O esquema que montei era complicado, mas dava tanto dinheiro que ele não se preocupava em entender os detalhes, então eu podia arredondar centavos e dias de aplicação. Com a sobra, fazia uma loteria particular no final do ano, escolhendo alguém para receber uma bolada, mas juro que jamais pensei que seria um dos infelizes a receber tratamento médico VIP na cadeia. Na época, achei apenas que era uma boa ideia juntar a vaidade dos aprendizes de doutor com a desgraça concentrada num presídio.

Se não era eu, nem investimento, nem sacanagem, o susto do médico só tinha uma explicação: estava olhando as imagens de meu cérebro se desmanchando. Era isso, com certeza.

Como sempre, estende a mão num cumprimento formal e pergunta:

— Como está passando, senhor José?

Nem respondo à pergunta, pura perda de tempo dizer que a dor aumenta a cada dia e que estou mergulhando na morfina, umas dez vezes mais do que ele receita. Ainda assim é difícil suportar.

— As notícias não são boas, senhor José.

O doutor está remexendo os papéis espalhados pela mesa e não me olha. Melhor assim, acho que é preciso certa intimidade para dizer a uma pessoa que ela está morrendo e eu e o doutor estamos longe disso. Ele está constrangido e fico me perguntando por que as pessoas têm tanta dificuldade em lidar com a morte, apesar de ser a única coisa certa na vida de todos. Talvez seja isso mesmo o que incomoda, saber que existe uma lei que vale para todos e não pode ser revogada. Um problema de poder, como sempre.

Ou também pode ser piedade, mas ele não sabe que, para mim, a notícia não é ruim, pois Pernambuco, Rosa e o Menino já estão mortos mesmo. Só vou me juntar à minha turma.

– Vou interromper a quimioterapia e o senhor tem que estar preparado para o pior. Na verdade, é surpreendente que tenha chegado até aqui.

O doutor escolhe as palavras com cuidado, tenho vontade de provocá-lo, quero ouvir uma frase definitiva:

– Tem uma previsão, doutor?

– Não, senhor José. Vou aumentar as doses do medicamento para aliviar a dor.

Pronto, estou como todo mundo, vou morrer, mas não sei quando. Ao menos me livro da quimioterapia e posso me afogar na morfina, de papel passado. Devo ter demonstrado alguma impaciência porque o médico levanta os olhos quando me dá a receita e pergunta:

— Precisa de mais alguma coisa?

Último desejo de um condenado. O que ele faria se eu pedisse para usar o computador por cinco minutos? Só para ver o que tinha acontecido com as contas que passei para a Polícia Federal e com as movimentações que fiz antes de me entregar. Cinco minutos, doutor, e morro em paz, a mão agarrada no mouse, meu cordão umbilical com o planeta.

— Não, doutor, quero voltar logo para a enfermaria.

Ele chama os guardas, oferece uma cadeira de rodas, que recuso, e estende a mão no mesmo cumprimento formal.

Penso em voltar pelo Pavilhão dos Esquecidos para me despedir do 111 e avisar que eles têm que mudar a aposta. Agora vence quem acertar quantos dias ainda vou viver. Antes de entrar no corredor, vejo o pátio deserto e iluminado e, só para sentir o sol batendo no rosto, decido ir pela Ala Nova. Mergulho na claridade e por um instante tenho a impressão de estar num vazio branco brilhante, as lágrimas do olho doente formando raios no meio da brancura. Foi por isso que demorei a enxergar a mancha que começou a se movimentar no outro canto do pátio. Só quando chegou muito perto, entendi o que era. Entendi, mas não acreditei. A bicicleta vermelha tinha a roda traseira torta, alguns raios quebrados e o pneu murcho, mas o Menino parecia não se incomodar com isso, pedalava com força, corpo meio levantado, cabeça jogada para trás e bochechas rosadas. Passou rente por mim e gritou:

– Conta pra ela!

Tem aquele sotaque meio castelhano, mas a frase era essa mesma:

– Conta pra ela!

Fez a volta no canto do pátio, passou novamente por mim, repetiu a fala e desapareceu na claridade. Olho para os guardas e eles continuam caminhando, indiferentes. Com certeza não viram o Menino. Nem eu, o tumor e a morfina estão me pregando peças. Estou cansado, a fronte começou a latejar, logo a dor vai chegar e se espalhar por todos os nervos da minha cabeça, olhos, nariz, boca, dentes, ouvidos, perfurando meu cérebro feito uma verruma. Só penso em chegar de uma vez na enfermaria, onde Waldemar me espera com tudo pronto para mais uma dose. Para uma manhã, foi muita coisa. A náusea no pavilhão, a morte anunciada, a brancura do pátio, o calor do sol e, para terminar, o Menino em sua bicicleta vermelha. Preciso dormir.

A enfermaria é clara e limpa, um biombo separa minha cama das outras. Waldemar me espera, impecável em seu avental branco. Matou um desafeto, pegou trinta anos, estudou enfermagem no Ambulatório Escola e é o faz-tudo do lugar. Ganha um bom dinheiro vendendo remédio aos presos, mas é atencioso com quem está doente. Observei o sujeito durante uma semana e depois propus um trato: dez mil por mês para me fornecer tudo de que precisasse, lençol limpo, gorjeta aos guardas, doses extras de morfina. Primeiro ele desconfiou, hesitou em dizer o número de uma conta num banco e em emprestar o celular para eu fazer a transferência do dinheiro. Quando digitei um código internacional, ficou nervoso, mas a operação foi rápida, logo depois os dez mil estavam na conta e ele se acalmou. Para evitar problemas, apaguei qualquer vestígio de ter usado o celular, mas nem precisava, porque a senha que usei é de morte súbita, só vale uma vez.

Desde então, Waldemar foi absolutamente fiel ao trato e tenho certeza de que ele jamais vai comentar o assunto com alguém. No final do mês, deixa o celular sobre a cama e sai, discretamente. É seu jeito de avisar que é dia de pagamento e também de dizer que não quer saber como é que a grana chega na conta. Poderia explicar que deixei armada uma rede de investimentos ativados por um número que só eu conheço e que permite a transferência imediata de dinheiro. Cada uma das contas da rede tem dez senhas, ou seja, dez possibilidades de movimentação. Depois disso, a conta se extingue e a sobra vai, automaticamente, para outro investimento, num carrossel sem fim. Fazia isso para o Senador, com muito mais dinheiro, é claro, e montei um microssistema para mim, que está sendo muito útil agora. Meu único medo é esquecer as senhas, mas, como dizia o Senador, jamais existiu uma cabeça tão boa para números como a minha e espero que isso seja a última coisa que o tumor devore.

Dinheiro sempre faz milagres, mas devo admitir que Waldemar é um sujeito especial, tem compaixão pelos que sofrem e trata bem todos os doentes, mesmo aqueles que não têm grana. É atencioso sem ser submisso, tem a voz muito fina, esquisita para seu tamanho, me chama de Suçu, mas acho que não é veado. Parece mais um eunuco ou uma grande mãe preta, daquelas de filme americano antigo. Digo isso porque, como estou muito fraco, preciso de ajuda no banho e nunca percebi qualquer interesse dele no meu corpo. Bem, pode ser que agora eu esteja asqueroso, como diz o 111, mas mesmo nos primeiros meses, quando ainda estava inteiro, não notei nada.

Desde que foi contratado, se empenha em descobrir alimentos nutritivos, como ele diz, que eu consiga manter no estômago. Providenciou um estoque de lenços brancos, que uso sem parar para secar a baba e as lágrimas. Uso lenços de pano porque os de papel irritam a pele frouxa e Waldemar tomou a iniciativa de trocar sem que eu pedisse. Pura gentileza. Jura que os lenços são esterilizados a cada lavada, por uma comadre que também lava meus pijamas e a roupa de cama.

Atendimento de primeira numa prisão de quinta categoria, a dez paus mensais.

Na verdade, pagaria muito mais só pelas doses extras de morfina. Não apenas pelo alívio da dor mas porque a droga me faz flutuar, uma dose e duas horas sem aflição nem ansiedade, tranquilo, letárgico e feliz.

A seringa já está na mesinha de cabeceira, Waldemar a postos, o alívio vai entrando pela veia e o tecido engomado do avental do enfermeiro se desmancha em pregas moles da cambraia muito fina e macia que cobre, mas não esconde, os bicos escuros dos seios de Rosa debruçados sobre meu rosto, a boca grande meio aberta, dentes muito brancos e os olhos pretos e brilhantes, tão separados que sempre acho que não consigo olhar para os dois ao mesmo tempo.

"Vamos", diz ela, a mão forte e morena estendida para a minha.

"Vamos", repete, com aquele som entre o bê e o vê que nem todos os cursos de dicção que o Senador pagou para ela conseguiram mudar. Acho que era um jeito de Rosa manter distância e avisar que seu bando era outro. Saímos rápido da prisão, o prédio vira um quadrado desenhado com giz grosso no meio do mato, o telhado novo do ambulatório brilha ao sol, contrastando com a escuridão dos velhos pavilhões. Na frente está a serra, mas Rosa desvia, não gosta de montanhas, tem saudade da planura de sua terra. Também não gosta de aviões, por isso voamos assim, soltos no espaço. A bata branca, a mesma que usa para tomar banho no rio, se movimenta com o vento e às vezes descobre os seios, outras a bunda rija e as pernas fortes. Rosa não se importa, volta o corpo e a bata sobe acima da barriga lisa e a penugem rala da boceta enche o espaço. Outra lufada e o pano fica tão colado ao corpo que desenha o rego. Mais um vento e os cabelos se transformam numa cortina negra e brilhante. Flutua na minha frente, dá voltas e ri. Sei para onde ela vai. Adora mergulhar na taça de pedra de Vila Velha, que transborda um líquido branco e espumante.

– Adoro champanhe! – grita de longe e desaparece em meio a milhões de bolhas que sobem como uma neblina bêbada.

Não olho para baixo, o redemoinho do fundo da taça vai tragá-la num instante. Sei que vai reaparecer num rio, numa gruta ou numa nascente por onde a champanhe explodirá, se misturando com a água até as bolhas desaparecerem.

Não espero por ela porque meu pai está logo ali na frente, parado ao lado da casinha de telhado de folhas de palmeira. Ele e o cão. Está terminando um cercado para as galinhas, feito de taquaras amarradas com cipó.

– Pra que prender as galinhas, pai?

– Por causa dos gaviões, Suçu. Gavião não ataca quando estão todas juntas. Separadas, pega uma por uma.

– Se ficarem juntas derrotam o gavião, pai?

– Não, Suçu, ele só vai ter que procurar comida em outro lugar.

– O gavião vai se vingar, pai?

– Não, fica de olho, esperando uma galinha boba desgarrar, e aí pega.

– Tem jeito de se livrar dele pras galinhas ficarem soltas, pai?

Ele olha para o gavião quase parado no ar, passa a mão na minha cabeça:

– Suçu, cada bicho tem o seu matador, uma hora chega a vez do gavião.

Meu pai tem olhos como os de Rosa e agora é ela quem está na minha frente, sem dar tempo de me despedir, me puxando pela mão. De novo, já sei aonde vai, dar uma rasante nas cataratas para desviar da represa. Rosa não gosta de montanhas, de aviões nem de barragens.

Dali para frente, tenho que seguir Rosa. É o território dela. Descemos o rio Paraná até o encontro com o Paraguai e chegamos ao rio Pilcomayo. Logo passamos os telhados de Ita Enramada, depois a casa da fazenda, o arroio Chico e as sebes. Rosa pula na água, a bata molhada cola no corpo, os seios empinados quase rasgam o pano. Gotas de água escorrem pelo rosto, mas o cabelo muito liso e comprido está quase seco. Me chama com aqueles olhos brilhantes, estendo a mão, quase toco sua boca vermelha, mas o vento me leva para o alto, já é noite e encontro Pernambuco deitado na Lua em quarto crescente, como numa rede brilhante e flutuante, dedilhando o violão com suas mãos enormes. Está confortável e feliz, balançando as pernas no espaço:

— O que vai ser hoje, camaradinha?

Antes que possa responder, Pernambuco toca um acorde da Internacional e anuncia:

— Hoje é dia do Manifesto!

Preciso pensar rápido, Pernambuco não vai me perdoar se eu tiver esquecido. Pelo menos a primeira frase sai: *Um fantasma ronda a Europa – o fantasma do comunismo.*

No começo, Pernambuco tentou me ensinar diferente: "um espectro ronda...", mas como eu sempre repetia "um espeto" ele desistiu e mudou a frase. É só dela que lembro direito e ele continua dedilhando enquanto me esforço para continuar, sem sucesso. Para me ajudar, ele fala devagar *o papa e o czar, Metternich e Guizot,* mas não consigo acompanhá-lo. Ele sacode a cabeça, como fazia antes, quando simplificava as frases e mesmo assim eu não conseguia repetir. Eu me esforçava porque gostava dele, porque Pernambuco era meu amigo, meu único amigo, a única pessoa que eu tinha na Terra. Ele não se aborrecia, dizia que as ideias ficavam lá, guardadas em algum canto de minha cabeça.

Pernambuco desiste de esperar que eu o acompanhe, segue sozinho, falando ritmado, como se fosse uma reza. Quando chega aos trechos de que mais gosta, faz um acorde solene, muda a voz e canta como se estivesse numa ópera, pontuando cada frase: *expropriação da propriedade da terra! trabalho obrigatório para todos!* ou *abolição da distinção entre a cidade e o campo!* Às vezes, fica emocionado, como na parte da *educação gratuita para todas as crianças, em escolas públicas, abolição do trabalho infantil nas fábricas*, mas retoma o tom de combate no final: *Que as classes dominantes tremam diante da revolução comunista! Os proletários nada têm a perder senão os seus grilhões. Têm um mundo a ganhar.*

Já não está mais deitado sobre sua rede lunar. Ergueu-se bem na pontinha superior do crescente, o violão erguido para o céu escuro cheio de estrelas e grita como se o universo estivesse povoado de milhões de companheiros prontos para a luta:

– Proletários do mundo, uni-vos!

Olha para mim sacudindo o violão e rindo:

– Eh, camaradinha, isso ainda vai dar certo!

Quero concordar com ele e mudar de assunto, tenho outras coisas para dizer, mas não consigo falar, estou sufocando, a baba entope minha garganta. Waldemar me segura pelos ombros e força o sugador entre meus dentes cerrados:

— Calma, Suçu, já vai ficar tudo bem.

Quando consigo respirar normalmente, a luz do sol está batendo na grade do pé da cama e o Menino está ali, me olhando curioso.

— Droga, de novo, não!

Waldemar me olha preocupado, pensa que estou reclamando do sufoco, procura me tranquilizar, diz que a morfina tira o reflexo da tosse, por isso eu engasgo. É claro que não vê o Menino, é minha visagem, meu fantasma. Deito de lado e fecho os olhos esperando que ele desapareça, mas quando viro a cabeça, ainda está ali. Aí penso que é bobagem tratar o Menino como assombração, ele não quer me assustar, só está pedindo, de novo, a mesma coisa:

— Conta pra ela!

Preciso me controlar para não perguntar o que ele quer dizer. Não posso passar por maluco, falando sozinho, já chega estar estropiado. O Menino parece entender e explica:

— Conta logo tudinho pra ela!

O Menino está abraçado a um livro velho, de capa meio solta e páginas amareladas. Entre as mãos pequenas cruzadas em cima da capa, dá para ler Lewis Carrol e *Alicia en el país...* Um dos guardados de Rosa, devia ler essa história para ele. Estende o livro para mim e quando tento levantar para pegá-lo sinto as mãos firmes de Waldemar nos ombros:

– Suçu, agora você precisa dormir um pouco.

O menino recolhe o livro e some.

Dormir... O momento de lucidez entre a flutuação da morfina e uma nova onda de dor é muito curto e preciso aproveitar para pensar com a cabeça fria no pedido do Menino. Nunca imaginei que ele soubesse o que tinha acontecido. O médico havia dito que a pancada apagou sua memória e que ele tinha "começado de novo". Parecia feliz, sempre agarrado à cintura de Rosa. Como é que agora aparecia do nada para me pedir que contasse "tudinho pra ela". E acha que é simples assim, eu morrendo na cadeia, pedir para falar com a mãe dele e contar o que aconteceu? E por que ele está pedindo isso justamente para mim?

Num canto qualquer do meu cérebro, sei a resposta: está pedindo para mim porque sou a única pessoa ainda viva que sabe da história. E estou morrendo. É por isso que ele pede e eu tenho que atender.

Tenho os olhos pesados e a cabeça começa a latejar. Não durmo, quase nunca durmo. Fico no limbo, percebo os movimentos ao redor, misturados a sons e imagens desconexas que atravessam o cérebro. Uma delas fica, vai e volta. É uma faixa da qual leio apenas um pedaço: "bem-vinda ao Brasil das maravilhas". Abro os olhos e tento lembrar onde vi aquela frase.

Foi no aeroporto de Guarulhos. Começo dos anos 1980, eu acho. No saguão havia uma pequena multidão, com faixas e cartazes. Um grupo cantava "O Bêbado e a Equilibrista" e uma das faixas dizia "Alícia, bem-vinda ao Brasil das maravilhas". No meio da agitação, abraços, palavras de ordem, eu a vi. Parecia maior, mais velha, óculos pesados, mas era ela. Por um instante, nossos olhos se cruzaram e ela ficou imóvel. Tive quase certeza que me reconheceu, mas no momento seguinte estava envolvida em novos abraços e eu segui meu caminho.

Voltei a saber dela por acaso. Foi em Foz. Como sempre, o Senador reclamava dos comunistas e apontou para um texto do jornal que estava sobre a escrivaninha. Pegou um lápis vermelho e circulou o nome da repórter com raiva:

– Uma vergonha, um jornal sério aceitando gente como ela, terrorista profissional. Escreve o que quer e vai acabar com nossos negócios.

Reforçou, com raiva, o círculo vermelho e eu, do outro lado da mesa, consegui ler o nome dela: Alícia. Na hora, pensei em Pernambuco e logo esqueci o assunto.

Será que ela ainda era jornalista? Poderia contar a história para ela. Para ela, não é isso que o Menino pedia?

Ela me devia uma. Foi mais ou menos em julho de 1972, madrugada muito fria, de guarda no hospital militar, o sargento me chamou:

– Você vai ficar na C-17, mas não troque palavra com a pessoa que está lá dentro. Nem olhe para ela. É uma comunista perigosa, pode dominar você com o olhar.

A C-17 ficava no extremo da última ala e era usada para os perturbados mentais. Um buraco gradeado no alto, porta sem trinco por dentro. Do lado de fora, a grade ficava quase rente a um barranco gramado que servia de arrimo para o muro dos fundos do hospital. Em cada canto, uma sentinela armada. Eu me instalei no barranco, dali podia ver a cela inteira: uma lâmpada acesa, pendurada por um fio meio descascado, paredes brancas manchadas, chão de cimento irregular e um catre com um colchão velho e sujo. Cheiro forte de creolina. Estava vazia. Pensei em Pernambuco, poderia estar num lugar como aquele.

Ela chegou carregada, parecia uma trouxa de roupa desfeita, arrastada por dois soldados. Jogaram a moça no chão e trancaram a porta. Nem me olharam ao sair. Durante muito tempo, ela não se mexeu. Quando tudo ficou muito quieto, vi uma mão pequena procurando a borda do catre. Levantou com esforço e deitou-se. Era muito jovem, quase uma menina, magra e pequena. Estava pálida, olhos fechados e a boca crispada, segurando os gemidos. Ficou assim, sem se mexer, até que vieram buscá-la de manhã.

Noite seguinte, mesma coisa. O sargento repete a recomendação e fico esperando. Chega a trouxa, largada no chão com brutalidade. Tudo igual, mas um fio fino de sangue escorre pelo chão e logo forma uma poça. De novo a mão agarrada na borda do catre, ela levanta a cabeça e me vê. Por um instante parece que vai dizer alguma coisa, mas se cala. Consegue deitar e olha para mim novamente:

— Eles vão me matar. Ligue para minha família e diga onde estou. Vinte e três, treze, catorze.

Dormiu ou desmaiou, não sei. Fiquei olhando para ela, querendo saber se pensava como Pernambuco, se também sabia o Manifesto de cor, se sonhava com escolas gratuitas para todas as crianças e a união dos proletários do mundo.

Quando o dia clareou e fui substituído no posto, ela parecia dormir sobre o colchão empapado de sangue. O sargento avisou que o general queria que eu passasse na casa dele. A ordem era normal, o general me requisitava muito para "serviços pessoais".

Saí do hospital, o número do telefone enroscado no meu cérebro como um disco arranhado. A casa do general ficava perto, o soldado que fazia a guarda me deixou passar depois de falar com alguém dentro da casa e me mandou para a garagem:

— O general quer que você verifique os discos de freio do LTD.

Era um salão enorme, imaculadamente limpo, três carros, uma mesa de bilhar no fundo e um bar. As ferramentas ficavam num armário mais organizado que uma sala de cirurgia. Do lado do armário, uma pequena mesa e um telefone.

Abri o capô reluzente, liguei o motor, voltei à frente do carro. Fui até o armário para pegar uma estopa, passei pelo telefone: preto, mudo, pesado. O número rodando na cabeça, o aparelho crescendo e ocupando a sala inteira. Quando vi, já tinha ligado e dado o recado.

Foi naquele mesmo dia que o general me avisou que eu ia ser seu novo ordenança:

– Você fez por merecer. Não existe soldado melhor.

Nunca mais soube da moça presa, até o dia do aeroporto. Ela estava viva, portanto meu telefonema ajudou. Agora, eu é que precisava dela.

Estava tão concentrado pensando no assunto, tão quieto, que Waldemar tocou no meu rosto para ver se eu estava vivo.

– Preciso falar com o delegado – pedi a ele, estendendo o braço descarnado para receber mais uma abençoada dose de morfina.

Desta vez Rosa não veio, nem Pernambuco nem o Menino. Acordei com a voz de Waldemar:

– O delegado vai chegar logo.

Conheço o delegado há muito tempo. Sei tudo sobre ele. Andou na minha cola por mais de dez anos, sem saber quem eu era, mas avançando cada dia um pouco na identificação das contas do Senador. Durante esses anos armei todo tipo de armadilha para desviar suas pistas. Criei dezenas de oportunidades para ele se apropriar do dinheiro de contas desativadas. Dicas de investimentos de encher os olhos e o bolso de qualquer um. Ele não cedeu. Queria muito mais que um punhado de dólares. Queria pegar o Senador. Quando decidi entregar tudo, ele foi minha escolha natural: merecia isso, depois de tanto tempo. E não errei na escolha. Foi correto comigo.

Parado ao lado da cama, o delegado me olha com pena, mas sem constrangimento. Diferente do doutor, encara o moribundo:

— Quer ir para um hospital, Suçuarana?

Faço que não com a cabeça, peço a Waldemar que saia.

— Preciso ver Alícia, a jornalista.

O delegado fica alerta, sabe de quem estou falando e a história do Senador lhe pertence, não vai deixar passar furo nenhum para a imprensa.

— Alguma coisa importante, Suçuarana?

— Pra mim, sim, mas não para sua investigação.

Tinha me preparado para essa pergunta, não queria mentir, mas o delegado não era "ela" e não queria trair o Menino.

– Vou ver o que posso fazer.

Vesti o terno com que cheguei à cadeia, limpo e escovado, mas enorme para meu corpo esquálido. A gravata não firmava no colarinho frouxo da camisa e acabei desistindo. Os sapatos dançam nos pés que têm dificuldade em se firmarem no chão. É cedo ainda, mas peço para Waldemar me levar à sala dos advogados antes que os dois cheguem. Não quero que me vejam ser carregado.

Mesa meio ensebada, duas cadeiras, porta-chapéus de madeira escura com um espelho já opaco, apoio para guarda-chuvas com uma chapa de metal mais enferrujada que a porta da cela do 111. Chão encerado e um capacho gasto na entrada. A sala não tem janelas e a lâmpada fraca no teto alto deixa tudo à meia-luz. Peço para Waldemar pegar mais uma cadeira.

Chegaram juntos, mas um abismo separa a jornalista do delegado, dois planetas em órbitas diferentes e com grande possibilidade de colisão. Só quando vi os dois juntos, percebi que meu plano poderia dar errado. Estava preparado para tudo – ela poderia negar que me conhecia ou fazer perguntas sobre minha história ou o delegado se intrometer –, menos para o encontro dos dois. De um lado, a mulher torturada; do outro, um delegado federal. Não importava que o delegado fosse bem mais jovem do que ela, talvez tivesse até ido aos comícios das Diretas Já. Ele era um delegado e isso bastava para a mão dela se agarrar no espaldar da cadeira como fez um dia no catre, os lábios outra vez crispados pela lembrança da dor e da humilhação. Raiva no olhar. Medo, não. O delegado está imóvel, segurando a pasta, parece indiferente, mas eu me acostumei a estudar seus gestos durante os depoimentos e percebo que seus ombros estão ligeiramente curvados para frente, do mesmo modo que fazia quando não compreendia minhas explicações durante os interrogatórios.

Ela não deu a menor demonstração de que sabia quem eu era, como se apenas o delegado estivesse ali.

Aquilo poderia arruinar tudo. Enquanto eu tentava improvisar uma saída, ela decidiu sentar e pude observá-la bem. Está diferente, cabelos grisalhos, óculos sem armação, em quase nada lembra a menina deitada no catre da C-17. Ainda tem o olhar duro quando me estende a mão, mas foi aí que entendi que, naquela sala sombria, era eu quem estava preso e, entre um prisioneiro, qualquer um, e um delegado, qualquer um, ela preferia ficar do meu lado.

– Então, Suçuarana, o que posso fazer por você?

Só então tive a certeza de que ela sabia quem eu era, que não tinha esquecido.

Repete a pergunta em tom mais suave, me lembro de Pernambuco, do dia em que nos conhecemos. Tenho um nó na garganta, mas a lágrima que escapa sai do olho doente e passa despercebida:

– Quero lhe contar uma história. Quando terminar, você decide o que fazer com ela.

– Só para mim ou... – não termina a frase e olha para o delegado.

– Só para você. Gravo e entrego as fitas, você ouve e faz o que achar melhor.

Alícia olha para o delegado, que assente com um gesto.

Minha cabeça lateja, mas preciso acertar detalhes. Calculo que vou conseguir ficar uma hora por dia, ou menos, sem morfina e sem muita dor. Umas dez horas de gravação?

– De quanto tempo você precisa, Suçuarana?

A pergunta não era bem essa, o mais certo seria "quanto tempo você ainda tem?". Nem eu sei, mas respondo, firme:

– Dez dias.

– Está bem, então. Dez dias, Suçuarana.

Ela se levanta e antes de sair da sala, diz apenas:

– O delegado com certeza sabe para onde mandar as fitas.

NOTAS INICIAIS DE ALÍCIA

1. Quando recebi o telefonema do delegado perguntando se poderia comparecer ao presídio para conversar com o detento José Suçuarana, a pedido dele, o velho terror do tempo da tortura voltou. Sempre está ali, bem escondido, e o gatilho delegado-presídio trouxe tudo de volta, mas não consegui estabelecer qualquer associação com José Suçuarana, nome que frequentou muito o noticiário meses atrás. Mantive a voz firme, tentei saber do que se tratava e o delegado respondeu simplesmente que não sabia. Perguntei se era algum processo na Justiça e ele disse que não, que era apenas um pedido de Suçuarana.

2. Perguntei se poderia indicar outro jornalista e o delegado disse que não, "ele pediu expressamente que fosse a senhora". Precisava de um tempo para pensar, ele me deu um número de telefone e disse apenas "não demore, ele não tem muito tempo." Passei boa parte da noite lendo tudo o que encontrei sobre o caso de Suçu-

arana e não encontrei nada que tivesse qualquer ligação comigo. Nada. Durante a busca achei uma reportagem de revista com diversas fotos de Suçuarana, numa delas estava fardado, ao lado de um jipe do Exército. Olhei muito para a foto, aquele rosto não me era estranho. Acabei adormecendo, sono perturbado por fragmentos de lembranças, prisão, polícia, interrogatórios, o hospital para onde me levavam à noite e, de repente, o rosto do soldado na grade. Era ele, o soldado que ligou para minha família! Acordei perturbada, não conseguia encontrar qualquer razão para ele querer falar comigo, mas tinha certeza de uma coisa: Suçuarana sabia que me fizera um favor e queria outro em troca. Eu também sabia disso e, no outro dia bem cedo, liguei para o delegado porque, por mais estranho que fosse o pedido, não poderia recusá-lo a quem, um dia, me salvou a vida.

3. O encontro no presídio confirmou o que eu pensava. Suçuarana precisava desesperadamente de um favor. Ao vê-lo, entendi o que o delegado quis dizer com "ele não tem muito tempo" e concordei em receber as fitas, mesmo sem compreender onde estava me metendo.

4. Pensei que Suçuarana me entregaria as gravações em dez dias e deduzi que seriam entregues pelo delegado. Não foi o que aconteceu. Já na manhã seguinte recebi uma fita. No outro dia, a segunda, e assim foi até

o décimo dia. Tampouco foram entregues pelo delegado ou por qualquer outro policial. Ao contrário, Suçuarana parecia empenhado em fazer com que as fitas chegassem discretamente, em horários variados, de modo diferente a cada dia, como se tudo fizesse parte do cotidiano do edifício onde moro, um misto de comercial e residencial, onde circulam mensageiros de todo tipo. E foi assim que recebi as fitas, trazidas por entregadores devidamente uniformizados, com crachás de identificação, junto com itens diversos como um ramo de flores, pizza, roupa de lavanderia, Sedex, Fedex, cesta de verdura, jornal do bairro, pacote de ração, bolo. Sempre protegidas por um saco plástico, dentro de um envelope.

5. A primeira gravação veio dentro de um gravador, daqueles com fita grande, que ninguém mais usa. Na hora, pensei que tivesse sido um descuido, uma distração, mas fiquei satisfeita porque não seria fácil encontrar esse modelo de gravador à venda. Acho que Suçuarana também pensou nisso.

6. Assim que chegou a primeira fita, comecei a transcrevê-la, imaginando que poderia passar os textos para Suçuarana ler, antes de decidir o que fazer com o material. Na verdade, era um cuidado quase desnecessário. A narrativa era muito clara e ele se preocupava em corrigir no ato qualquer palavra ou frase que desejasse

mudar. Dizia: "retire tal palavra ou corte tal frase". Tinha, ainda, muito cuidado quando narrava um diálogo, dizendo o nome de quem ia entrar na história e, talvez sem querer, mudando o modo de falar. O mesmo acontecia quando voltava no tempo, quando se lembrava de algo que havia acontecido há muito. Avisava que isso ia acontecer e mudava o tom da voz. Retirei os "avisos" porque não fazem falta. De modo geral, pouco havia para corrigir. Havia muitas pausas. Em alguns casos, parecia pensar no que dizer em seguida e, como prosseguia depois sem nenhum corte no raciocínio, repetindo inclusive a frase que precedeu a pausa, achei que poderia eliminar essas paradas sem prejudicar sua narrativa. Em outros casos eram pausas longas, entremeadas por algumas palavras incoerentes. Depois de alguns minutos, Waldemar, o enfermeiro que eu conheci na reunião no presídio, avisava que "Suçu precisa dar um tempo". Desligava o gravador e depois Suçuarana retomava a narrativa exatamente do ponto onde havia parado. Imagino que fosse o tempo necessário para tomar algum medicamento.

7. O modo de Suçuarana contar sua história é bastante irregular e assim foi mantido. Narra e vive no presente o passado relembrado. Há momentos em que detalha muito o que quer contar e outros em que evita – deliberadamente ou não – complementar as informações e é extremamente conciso.

34

8. As fitas estavam cuidadosamente identificadas nas etiquetas, em letra de forma: "FITA 1/1ºDIA", "FITA 2/2ºDIA" e assim por diante. Mantive a identificação porque foi o jeito que Suçuarana organizou o que queria contar.

9. Os textos não foram revisados por Suçuarana. Ele realmente não tinha muito tempo.

10. Suçuarana nunca sugeriu um final, mas depois de dez dias convivendo com suas histórias - realidade regada a morfina flutuando entre as paredes de meu escritório - era preciso dizer adeus. Mesmo sem mencionar o assunto, Suçuarana se encarregou de tudo: foi autor, personagem e diretor da grande despedida, que descrevi no epílogo, do modo possível.

FITA 1/1º DIA

O Menino pediu para eu contar tudo e assim vou fazer. A história dele é apenas parte da minha, que começa muito, muito antes. Nasci em 1952, dentro de uma carroça, numa estrada de terra, no meio do mato. Era um comboio de colonos do Rio Grande do Sul, que atravessou o Paraná atrás de terra boa para plantar. Meu pai era gaúcho, pampeiro, quase índio. Um homem grande, forte, respeitado pela valentia. Minha mãe, muito jovem, fugiu de casa para ficar com ele. Da família, ela trouxe apenas uma toalha de linho bordada com fios dourados, herança da avó alemã.

Nasci antes do tempo, minha mãe quase morreu no parto e caiu numa apatia profunda. Só sobrevivi porque as mulheres do comboio me embrulharam nuns panos e se revezaram para me dar leite do peito.

O pai decidiu se instalar numa clareira rodeada de mato, perto do Rio Laranjeiras, que cortava a estrada. Quando nos separamos do grupo, alguém nos deu uma cabra – leite para a criança. E ficamos ali, no meio do mato: um gaúcho valente, um bebê mirrado, uma mulher quase louca que vivia agarrada na toalha de linho e uma cabra. O pai construiu um casebre com troncos de árvores, coberto com folhas de palmeira, e começou a limpar o terreno para plantar. Não tinha vizinhos, só a floresta fechada, rugido de onça à noite, passarada durante o dia. O pai fez um cesto de cipó que amarrava nas costas e me colocava dentro, enquanto trabalhava. A cabra sempre por perto. Um dia apareceu um cachorro. O pai caçava, preparava a comida e o mate. A gente não passava fome. A mãe sempre no canto, agarrada à toalha. Cresci, aprendi a andar no meio do mato, subia em qualquer árvore, conhecia passarinho pelo canto, erva venenosa, pegada de bicho, peixe e fruta de comer. O pai ensinava o nome das coisas e gostava de falar sobre a redondeza da Terra, que mandava no jeito de tudo, na altura das árvores, na correnteza do rio, nas nuvens, na chuva, no frio, no calor. Não fosse a redondeza, dizia, não tinha nem vento, nem remoinho, nem plantação. Nem dia, nem noite, nem tempo. Passava bem de leve a mão grande e calosa na minha cabeça e terminava: é, não fosse a redondeza da Terra, nem gente tinha.

Ele sempre me chamou de Suçuarana. Falava que eu tinha olhos de suçuarana, que subia na árvore como ela, que suçuarana era um bicho bom e corajoso, que não atacava o homem, que comia tudo o que caçava e não comia caça dos outros. O pai admirava a suçuarana. Por isso, me deu o seu nome.

Primeiro foi a cabra. Dois homens chegaram a cavalo, falaram com meu pai, ele não disse nada, continuou fazendo as covas para plantar milho, eles foram embora. No dia seguinte a cabra sumiu. Eu quis chorar, mas o pai disse:

– Você já é grande, Suçuarana, não precisa mais dela.

Perguntei o que os homens queriam, o pai disse:

– A terra que não é deles.

Tinha uma coisa nos olhos dele, que eu ainda não tinha visto. Depois descobri que era raiva.

Os homens voltaram e atiraram no cachorro sem dizer nada. O pai, de novo:

– Cachorro, a gente arruma outro.

Senti um aperto no peito porque não conhecia mais o jeito do pai.

Estava muito frio no dia em que ele falou para eu pegar a mãe e ir buscar água na sanga. Estranhei, ele nunca tirava a mãe da casa, mas obedeci, porque estava de novo com aquele jeito. Puxei a mãe pela mão, a toalha ficou no canto, peguei as latas de água e fomos caminhando, uns 200 metros até a sanga. De lá, ouvi os tiros. Larguei as latas e corri, puxando a mãe pela mão. Vi o pai caído no chão, a mão ainda no cabo da enxada, a mancha vermelha, redonda, crescendo no peito da camisa, os dois homens parados, espingarda na mão, a casa começando a queimar. A mãe largou minha mão e saiu gritando:

— A toalha, a toalha!

Um dos homens apontou a arma e parou quando me viu atrás dela. E eu disse, segurando a mãe:

— Ela não faz mal nenhum, é louca, só quer a toalha.

O homem baixou a arma:

— Sumam daqui.

Eu tinha oito anos.

Andamos durante muitas horas pela estrada de barro. Eu segurava forte a mão da mãe, ela chorava baixinho. Eu tremia de frio e pavor. Era noite quando chegamos a uma vila, um amontoado cinzento de casas de madeira, ruas de terra, cavalos, carroças e caminhões velhos carregados de toras, motores gemendo na lama. Um homem de grandes bigodes estava parado numa esquina. A mãe já não chorava, parou na frente do homem e perguntou:

— Tem um prato de comida para o menino?

Ela sabia que eu existia!

Entramos na casa, um cheiro doce que não conhecia entrou pelo nariz, os pés estranhando o chão de madeira. O homem pegou dois pratos de lata e apontou a panela no fogão. A mãe serviu os dois bem cheios, colocou na mesa, pôs uma colher na minha mão:

– Coma.

Ela comia com avidez. Eu não conseguia parar de tremer, a comida embolando na barriga e ela dizendo:

– Coma.

O homem pegou um cobertor fino, apontou para um canto perto do fogão:

– O menino dorme aqui.

Desde a primeira noite, a mãe dormiu no quarto do homem.

Foi ele quem me mandou para a escola, um barracão do lado da igreja. Antes, perguntou meu nome:

– Suçuarana.

– Isso não é nome de gente, precisa registrar o menino.

O cartório era uma casa escura, balcão sujo de barro.

– Nome? – perguntou o homem.

– Jesus – disse a mãe.

Comecei a tremer, não queria deixar de ser Suçuarana. E o homem perguntou:

– Jesus de quê?

Era minha única oportunidade: me enfiei na frente da mãe, fiquei na ponta dos pés e estiquei o pescoço para aparecer acima do tampo do balcão e gritei:

– Suçuarana, Jesus Suçuarana!

– Data de nascimento?

A mãe parou e eu disse, sem piscar:

– 25 de dezembro.

Era o único dia que eu lembrava, porque o pai tinha contado uma história de Natal.

– Ano?

A mãe já estava distraída e o homem olhou para mim, pescoço esticado, na ponta dos pés.

– Pela altura, 10 anos. 1950.

Fui para a escola. Era mais alto que todas as crianças, o cabelo preto, grosso, muito liso como o do pai, me deixava diferente e tinha umas tremedeiras fortes assim sem mais nem menos. E ainda por cima, me chamava Jesus Suçuarana. Era um menino estranho, mas a professora me tratava bem porque aprendia rápido. Tão rápido que logo fui dispensado e passei a ajudar na casa e a vender pão pela cidade.

O homem que nos acolheu era barbeiro e tinha um quarto com uma banheira de metal onde os motoristas dos caminhões descansavam os músculos doloridos de segurar o volante pesado por horas a fio. A mãe fervia a roupa imunda deles num tacho grande, no fogão, depois esfregava no tanque. Eu rodava a manivela que tinha do lado do tanque, dois rolos de madeira bem encaixados por onde a roupa passava para tirar a água, o sabão e a sujeira. Depois a mãe estendia a roupa num quartinho abafado, com um forno de tijolo, onde secava rápido. A mãe aproveitava o forno para fazer pão e as roupas saíam dali com cheiro de fumaça e de pão. Para disfarçar, o barbeiro enchia os motoristas de perfume adocicado, depois que terminava de cortar o cabelo e fazer a barba.

A manivela me deixava forte e a venda de pão pela cidade me deixava esperto. Tinha que receber o dinheiro e levar tudinho para casa, sem faltar centavo. Aprendi a entregar o pão só depois de pegar as moedas. Também ganhava uns trocos ajudando os motoristas. Ficava olhando os motores e fui entendendo como funcionavam. Logo ganhei fama de mecânico e um motorista me convidou para viajar com ele. Tinha 15 anos – de verdade, não no papel.

Entrei na barbearia para avisar a mãe que ia viajar. O barbeiro não estava, segui um rastro de água e sabão da sala de banho até a cozinha. Um homem nu e molhado segurava a mãe no chão, tentando arrancar as roupas dela, o pau duro enorme forçando passagem. O barbeiro tinha uma espingarda velha em cima do armário. Peguei e atirei nas costas do homem. A cozinha se encheu de fumaça, a mãe gritou e saí correndo.

O caminhão ia para Maringá, carregado de toras. A madeira recém-cortada sangrava, lembrei do pai, do sangue na camisa. Sem dizer nada, me abanquei do lado do motorista:

– Não vai levar nem uma muda de roupa, Suçuarana?

– Não precisa. Roupa, a gente arruma.

Rodamos um trecho de estrada, passamos uma ponte de madeira e, do lado esquerdo, uma clareira e uma cruz. Nem quis olhar, medo de ver o pai ali, caído. O motorista bateu na aba do chapéu, fez o sinal da cruz:

– Dizem que aqui morreu um valente.

A viagem demorou, o caminhão quase não andava, paramos muitas vezes para desencalhar as rodas afundadas na lama. Quando finalmente chegamos, ajudei a descarregar o caminhão numa serraria e nem me despedi do motorista. Tinha medo que ele me chamasse para voltar à cidade. Fazia frio e chovia muito, andei em direção a umas luzes amareladas. Uma igreja de madeira, pintada de azul e do outro lado da estrada uma casa com varanda e uma rede armada, a luz fraca e amarelada não deixava ver mais. A casa tinha um beiral grande e resolvi ficar ali até a chuva amainar.

Ouvi a rede ranger e o som oco de um violão batendo no chão. A mão escura se apoiou no peitoril da varanda e o homem falou com uma voz cantada e mansa:

– Vida dura, hein, camaradinha! O que posso fazer por você?

Fora o pai, ninguém tinha falado assim comigo. Comecei a tremer, a roupa encharcada, não conseguia dizer palavra. O homem desceu a escadinha, estendeu a mão:

– Moro aí atrás e posso lhe ceder uma muda de roupa. Vamos? Meu nome é Pernambuco, e o seu?

Segui o homem sem responder. Eram dois cômodos, separados por meia parede. Na entrada, um quarto muito limpo, cama com uma colcha estendida, outra cama dobrável, de metal azul, encostada na parede. Um armário cheio de livros, mais do que eu já tinha visto em toda a minha vida e um baú do qual tirou uma calça e uma camisa grossa. Pegou um par de botinas debaixo da cama. A luz era fraca, mas dava para ver que eu era quase da altura dele, muito mais magro. O homem tinha ombros largos e fortes, a cabeça grande, carapinha cortada curta, um sorriso largo e olhos amigos. A água da minha roupa começava a escorrer pelo chão misturada com o barro vermelho, formando manchas que pareciam de sangue.

Ele foi para o outro cômodo, de costas para mim. De onde estava, eu podia ver um guarda-comida azul, uma mesinha azul, um fogareiro de querosene, uma bacia branca esmaltada apoiada num suporte. Um pedaço de sabão sob a bacia. Uma toalha limpa.

"Se quiser se lavar..." ele colocava água de uma jarra branca na bacia, ainda sem olhar para mim.

Terminei de trocar a roupa, coloquei a botina, peguei a camisa ensopada e tentei limpar as manchas do chão. Senti a mão do homem no meu ombro:

– Deixa disso agora. Sujeira a gente limpa a qualquer hora.

Tirei o sabão do suporte, esfreguei o rosto. Só então consegui falar:

– Meu nome é Suçuarana.

– Como a música?

Olhei para ele sem entender. Ele riu e disse:

– Primeiro a comida, depois a arte. Vamos jantar agora.

Segui Pernambuco, que andava colado à parede, para não se molhar. Voltamos à casa da varanda, a porta estava aberta, um cheiro bom de comida vinha lá de dentro, junto com risadas e barulho de louça.

– Boa noite, meninas. Ceiça, bota água no feijão, temos mais um para o jantar – foi dizendo Pernambuco, sempre na frente.

Uma mesa grande, dois bancos de madeira, paredes pintadas de cores fortes, uma cortina de pingentes separando a sala e a cozinha do resto da casa. Ceiça era uma mulher grande, cabelo amarelo, boca muito vermelha, mas parecia pequena ao lado de Pernambuco.

As "meninas" são sete moças, todas parecem ter a mesma idade. Algumas estão sentadas e se viram no banco para ver quem é o convidado. Quando entro, ficam quietas e eu sinto o rosto arder, nem sei por quê. Ceiça larga a primeira panela em cima da mesa, vira para Pernambuco e diz, olhando para mim:

– Desta vez você trouxe um frango bonito para o jantar, as meninas estão sem fala!

Pernambuco ri, faz sinal para eu sentar ao lado dele. Ceiça termina de pôr a mesa: arroz, feijão e carne ensopada nuns panelões grandes, uma concha enorme em cada um, para servir. Pratos de louça, garfo e faca. Pernambuco enche meu prato, tenho dificuldades com o garfo porque sempre tinha comido com colher, mas termino muito antes dos outros. Pernambuco me serve novamente e a conversa corre solta à mesa. Não entendo o que falam, mas o cheiro bom da comida, as risadas alegres e o vozeirão de Pernambuco me acalmam. Parece que foi a primeira vez que parei de tremer desde que mataram o pai.

Depois que Ceiça tira a mesa, Pernambuco bebe um café bem forte e vai buscar o violão na varanda. O violão tem uma correia de couro mole e macio, que fica solta enquanto ele ajeita o instrumento sobre as pernas cruzadas.

– Ceiça, me ajuda aqui. Sabe como é o nome dele? Suçuarana. E não conhece a música!

Ceiça senta ao lado dele, nunca tinha visto um homem e uma mulher se olharem daquele jeito, e cantam juntos:

Faz três sumana
Que na festa de Sant'Ana
O Zezé Sussuarana
Me chamou pra conversar.

Não entendo a letra, mas a música me conforta, me embala.

Mais adiante
Do mundo já bem distante

Nóis paremo um instante
Predemo a suspiração.
Envergonhado
Ele partiu para o meu lado
Ó, Virgem dos meus pecados,
Me dê a absorvição.

Cochilo, a cabeça apoiada nos braços sobre a mesa, a música no fundo.

Foi coisa feita
Foi mandinga, foi maleita
Que nunca mais indireita
Que nos botaram, é capaz,
Sussuarana,
Meu coração não me engana
Vai fazer cinco sumana
Tu não volta nunca mais.

Acordo com as ordens de Ceiça:
– Muito bem, meninas, hora de trabalhar. E você, Pernambuco, leva Suçuarana pro berço.

Estou envergonhado, murmuro um muito obrigado sonolento. Já na casa de trás, Pernambuco abre a cama dobrável, estende um lençol feito de saco alvejado emendado, pega um dos cobertores que está em cima do armário de livros, tira o travesseiro de sua cama e coloca na minha. Penso que nunca deitei numa cama tão limpa e tão boa e que Pernambuco ficou sem travesseiro, mas não consigo dizer mais nada.

Acordo gritando, os homens que mataram o pai estão na minha frente, a espingarda do barbeiro na mão de um deles. Está muito escuro, estou tremendo e tento tirar a mão que segura meu ombro. Pernambuco cantarola *"Sussuarana"* e me abraça. Começo a chorar. Pernambuco acende um lampião e traz um copo d'água.

– Vida dura, hein, camaradinha? Quer conversar um pouco?

Eu começo a falar do pai, do cestinho de cipó, da cabra, do cachorro, dos pinheiros. A toalha da mãe, os homens, a raiva do pai, os tiros, o sangue na camisa. O silêncio da mãe, o terror das noites na cozinha do barbeiro, o pão, a roupa lavada, os motores dos caminhões. O homem nu na cozinha, a mãe no chão, o tiro.

Pernambuco não interrompe e adormeço aconchegado no abraço dele. Quando acordo, Pernambuco já está em pé e coa um café cheiroso.

– Quantos anos você tem, camaradinha?

– Dezessete, quer dizer, quinze.

– Você tem documento?

– Não – minto para simplificar.

– Às vezes é bom mudar de nome, para evitar problemas. Como você quer se chamar?

Olho para ele espantado. Suçuarana é a única raiz que me prende nessa Terra, sem ela, morro. Não respondo, mas ele parece ler pensamento:

– Está bem, fica Suçuarana. Com dois esses?

– Não, cedilha, como na certidão.

– Hum, mentira tem perna curta, não é, camaradinha?

Fico quieto por um minuto e lembro que posso trocar o primeiro nome. Pernambuco concorda:

– Mas precisa ter nome de santo junto, é o costume.

– A igreja aí de frente, como é que chama?

– São José, padroeiro dos trabalhadores.

– Então é José.

– Ficou bom, José Suçuarana, como a música, só que com cedilha, mas soa igual.

Quando chegamos no cartório já estava mais calmo, era José Suçuarana e tinha um amigo. Na hora da data do nascimento, falei 25 de dezembro e Pernambuco me olhou de lado, como quem não acredita e disse para o homem do outro lado do balcão:

– Dezessete de outubro de 1951.

Quando saímos, perguntei:

– Por que dezessete de outubro?

Olhos brilhando, sorriso aberto, Pernambuco respondeu:

– Outubro de 1917 foi o mês que mudou o mundo, Suçuarana. Só inverti.

FITA 2 / 2º DIA

Pernambuco não tinha trabalho fixo. Às vezes, saía muito cedo, outras, somente à noite, sempre com o violão pendurado nas costas, a correia atravessando o peito. Quando ficava em casa, passava o dia concentrado num livro ou em papéis muito finos, de letra miúda, que tirava do fundo do baú de roupa. E contava histórias.

Veio pequeno de Picos, na Paraíba, com um tio que tinha juntado dinheiro para comprar uma terrinha em Porecatu, no Paraná. Falava da viagem num caminhão e eu ouvia, pensando que tínhamos histórias parecidas, eu na carroça de um comboio vindo do Sul, ele num pau de arara do Nordeste.

Muita coisa que Pernambuco contava me confortava: os homens matando o pai para tomar a terra e o tio de Pernambuco forçado a sair do sítio de Porecatu pelo fazendeiro. Mas, de repente, tudo mudava. Pernambuco falava de resistência e eu me lembrava da cabra, do cachorro; falava de se armar para enfrentar o inimigo e eu via o pai com a enxada na mão; falava de luta e eu gelava, o sangue na camisa do pai crescendo na minha frente. Um abismo de diferenças.

Pernambuco percebia e mudava de assunto. Pegava o violão, cantarolava uma música nova:

– Eh, camaradinha, a vida é como a música, não tem uma nota igual a outra.

E dedilhava as cordas com as mãos enormes.

Os dias passando e o assunto voltava, como uma febre. Pernambuco contava que muitos sitiantes se juntaram para resistir, se refugiaram numa fazenda e ganharam apoio:

– Veio gente importante, Saldanha, o João Saldanha estava lá. Gregório, homem fino que não deixava peão maltratar mulher alguma, o Mané Jacinto, moço de muita fibra. Vinha gente de Curitiba, de São Paulo. Gente famosa escrevia artigos defendendo nossa luta. E o mais importante, o Prestes apoiando tudo.

Sucessão de nomes e fatos incompreensíveis. Até que um dia criei coragem e disse:

– Galinha não derrota gavião, Pernambuco.

Estávamos na varanda da casa, depois do jantar. Pernambuco levantou da rede, foi para a casa de trás e eu o segui. Abriu o baú, tirou as roupas dobradas, levantou uma tampa de madeira e foi tirando os papéis com todo cuidado. Recortes de jornais e páginas de revistas amareladas, de 1949, 1950, folhas dobradas de papel fininho.

– Aqui estou eu, tinha sua idade e já estava na luta. Esses homens todos passaram fome e frio durante meses para defender suas terras. Veio gente de todo lugar para ajudar, os comunistas dizendo que a luta era justa, que os fazendeiros não tinham o direito de tirar a terra da gente. Resistimos, veio a polícia e o exército, até os americanos estavam acompanhando, o cônsul dos gringos em São Paulo mandando informes secretos. Prenderam alguns, torturaram, mas tiveram que voltar atrás. Ganhamos, camaradinha, a terra voltou para quem trabalhava nela. Foi só se juntar.

Olho as fotos, homens com barba e cabelos compridos, cansados. Um garoto espigado, orgulhoso, olhando direto para a câmara: era Pernambuco. Eu nem tinha nascido e ele já na revolta. Estava tudo ali, no jornal, eu tinha que acreditar, mas não conseguia. Para disfarçar minha descrença, começava a perguntar:

– Pernambuco, o que é um comunista?

Nunca, depois disso, vi paixão mais forte numa pessoa. O rosto iluminado, olhos brilhantes, voz acelerada, o corpo inteiro contando a história. Pernambuco falava sem parar. Mais nomes e ideias desconhecidas, Karl Marx, o Capital, Rosa de Luxemburgo, Lênin, o manifesto comunista, o partido, a Revolução de 1917, Mao-Tsé-Tung, Fidel Castro, Che Guevara.

– O comunismo é o futuro, camaradinha, um futuro de igualdade!

Aos poucos, fui conhecendo toda a história de Pernambuco: o fim da revolta em Porecatu, a ligação com os comunistas, o trabalho numa máquina de café, a organização do sindicato, a prisão em 64. Solto logo depois, Pernambuco não conseguiu mais trabalho e virou profissional do partido. Visitava antigos militantes, levava palavras de animação, identificava situações de conflito que poderiam levar a novas lutas. O partido pagava a ele um salário mensal, com o qual seria impossível viver não fosse Ceiça – e sua Pensão das Sete Meninas – garantindo casa, comida e um amor ilimitado.

Quando Pernambuco saía em suas peregrinações, eu passava o dia com Ceiça e as meninas. Fui perdendo a vergonha, já conseguia participar de algumas conversas, rir com elas. Uma tarde preguiçosa, de muito calor, Ceiça pergunta, na frente das meninas:

– Suçuarana, você já deitou com mulher?

Fiz que não com a cabeça e ela decretou:

– Então está na hora, menino. Escolha uma das meninas pra você virar homem.

Escolher como? Gostava de todas e só via sete pares de olhos me devorando, sete bocas moles de tesão, peitos empinados, bicos duros espetando o vestido. Mostrar preferência, escolher uma, era chamar problema.

Ceiça observou as meninas e, lá de seu jeito, entendeu meu silêncio e decidiu:

— Experimenta uma por dia, passa por todas e aí escolhe. Por ordem alfabética.

E assim, dia após dia, deitei com Ana, Beatriz, Joana, Jurema, Maria das Graças, Sula e Zuleica. Ana foi a mais prejudicada, lancei minha primeira porra no lençol, antes mesmo de me ajeitar sobre ela. Zuleica esperou paciente, mas saiu ganhando, eu já tinha aprendido alguma coisa, gozei junto com ela, dentro dela. Para não magoar ninguém, escolhi a do meio, Maria das Graças. Do mesmo jeito que Ceiça, eu gostava de encontrar soluções justas para os problemas, mas foi ela que deu o toque final:

— Menino, só não vai pensar que ela é a mulher de sua vida: ela é mulher da vida, hein? Quando encontrar sua metade, você vai saber, mesmo sem foder.

Entre as folias nos lençóis e as histórias de Pernambuco, o tempo foi passando. Uma vez ou outra ele me dava alguma coisa para ler e depois puxava conversa. Nada rendia. Tentou me levar em algumas reuniões. Não me esqueço de uma, numa cidade vizinha. Um grupo de velhos tristes numa sala triste, a força de Pernambuco contrastando com a derrota nos olhos dos antigos militantes.

— E João, alguém sabe dele?

— Preso.

— Frederico e Alfredo?

— Sumidos.

— Os dois irmãos?

— Saíram do país.

— Nicoletti?

— Morreu mês passado. Enfisema.

— Ouvi dizer que tem muita gente nova na luta...

— Estudantes, pequena burguesia, é preciso cuidar com isso.

— Um deles me procurou, disse que o partido se vendeu, que Prestes traiu a causa.

— Não duvido, lembra do manifesto de 49? Colocou a gente no fogo e depois caiu fora.

Pernambuco quieto na cadeira, a dona da casa, uma velhinha miúda e decidida, levanta e volta com um papel fininho, daqueles que Pernambuco guarda no baú.

— Não é verdade, mesmo na clandestinidade ele ainda se preocupa conosco. Escutem: "*Camaradas...*

A voz da mulher é quase um sussurro, a sala é abafada, todos fazem um grande esforço para manter os olhos abertos, mesmo se a atenção já estivesse longe. De repente, no meio de uma frase pomposa, a plateia toda cochilando, Pernambuco pega o violão e dá os acordes iniciais da Internacional. A voz da mulher se anima, ganha um tom festivo:

— Hora do café! Tem bolo de formigueiro!

Na volta, pergunto a Pernambuco:

– É verdade que Prestes traiu vocês?

Ele não respondeu.

Comecei a trabalhar como mecânico numa oficina de estrada. Sentia falta das tardes vadias e das histórias de Pernambuco, que nem sempre estava em casa quando eu chegava, mas gostava de trabalhar, só tinha medo de encontrar alguém que lembrasse o caso do motorista lá na barbearia.

Meados de 1969, uma noite muito fria, Pernambuco estava me esperando bem antes da pensão das meninas:

– Tive notícias de sua mãe e quer saber? O sujeito que você matou não morreu, a munição era velha e deu chabu. Ele levou um susto dos diabos, saiu correndo pelado pela rua e nunca mais apareceu por lá. Ela continua com o barbeiro.

Fiquei quieto, pensando que aquela história, afinal, não me incomodava tanto assim.

– Você devia voltar para lá.

Agora, o coração gelou. Pernambuco continuou a falar, olhando para as estrelas. Reparei numas gotas de suor na testa enrugada. A voz dele estava diferente, presa na garganta:

– Você vai ter que partir, camaradinha. A polícia está atrás de mim, preciso sair daqui e você não está seguro. Sei que não quer voltar para lá, mas pensei noutra solução: você vai fazer dezoito, tem que se alistar e vai servir. Não tem lugar mais seguro para você ficar do que um quartel. Logo isso tudo vai acabar e a gente se encontra de novo.

Comecei a tremer. Pernambuco continuava sem me olhar e eu tentei falar:

– Vou com você...

Pernambuco me abraçou, me olhou e não eram mais gotas de suor que corriam pelo seu rosto:

– Eh, camaradinha, nessa luta você não pode seguir só o coração...

Corri o resto do caminho até a casa. A pensão de luzes apagadas e porta fechada, nem sinal das meninas. Pela janela do lado, vi Ceiça sentada num dos bancos, a mesa parecia enorme, assim vazia de gente, pratos e panelas. Estava com a cabeça entre os braços e soluçava. Entrei pelos fundos, ela levantou o rosto, as lágrimas rolavam sem parar, a boca sem pintura, pálida e trêmula.

– As meninas já foram embora, imagina ser presa como puta e comunista. Iam acabar com elas! Pernambuco tem que ir logo, mas só vai depois que você estiver seguro. Eu embarco num ônibus daqui a pouco, volto pra minha terra para esperar por ele. Menino, ele só pensa em proteger você. Faça o que ele está pedindo.

A casa de Pernambuco já estava limpa. Nem livros, nem recortes de jornal, nem baú de roupa. Minha cama estava dobrada, sem lençol, como a outra. Do lado do guarda-comida, uma pequena mala de papelão duro encerado, com fecho de metal, com minhas coisas. Pernambuco surgiu na porta, os ombros um pouco encurvados, um papel cor-de-rosa dobrado na mão:

– Sua passagem, camaradinha. Chegando lá, procure o posto de alistamento, assim vai ter um documento bom. Depois, veja como está sua mãe. Com certeza vão mandar você para a capital, sempre mandam os recrutas mais altos para lá. Aproveite para fazer um Madureza, você tem cabeça para ir onde quiser. Assim que a gente derrubar os milicos, procuro você e vamos ter muito que comemorar.

Um abraço apertado, mas curto, Ceiça põe no meu bolso um maço de notas amassadas e eu saio caminhando em direção à rodoviária. Olhei para trás. Pernambuco estava parado, braços pendidos, cabeça baixa.

Pela janela do ônibus a paisagem vai mudando, os cafezais ficam para trás, pastagens sem fim e adormeço. Acordo com um solavanco e vejo a placa: Ponte sobre o Rio Laranjeiras. Do outro lado da ponte nem cruz, nem clareira, nem floresta: um mar de soja.

A cidadezinha está quase a mesma, muito quieta porque mal amanheceu e o sol ainda não chegou à rua principal. O prédio novo da cooperativa agrícola foi construído no lugar da serraria e a igreja agora é de tijolos. A escola se chama Colégio Estadual Presidente Castello Branco e os meninos começam a chegar em bandos, quebrando o silêncio. A barbearia está pintada de branco, com uma placa em cima da porta: "BLUE HAIR CABELO'S" e em baixo, "Corte Masculino e Feminino".

Paro do outro lado da rua, encostado num poste. Não sei bem o que fazer. O posto de alistamento ainda não abriu e só quando o sol bate na fachada da barbearia é que a janela da frente se abre. Primeiro aparece o homem, se espreguiçando, de camisa de meia. Depois a mãe chega, se ajeita no peitoril e, por um instante, parece que os dois se olham como Pernambuco e Ceiça.

Aproveito a passagem de um caminhão pela frente da casa e quase corro, até dobrar a esquina.

FITA 3/3º DIA

Fui mandado para o quartel da fronteira, onde os dias eram longos e sufocantes e as noites fediam a peido e suor no alojamento. Ordem do dia contra os comunistas, marcha, corrida, abdominais, varrer o pátio, limpar banheiros. Nada para fazer, ninguém para conversar. "Jeito besta de ficar em segurança, sô", falava para Pernambuco nas longas noites de insônia.

Uma manhã, o quartel amanheceu agitado e o sargento, na ordem unida:

– Vamos receber a visita do comandante da 5ª amanhã e tudo precisa estar em ordem. Ele exige que tudo esteja na mais perfeita ordem.

A limpeza frenética começou pelos alojamentos e pelos banheiros, avançou para a administração e de madrugada o pátio foi varrido, areado e escovado. De manhã cedo, exaustos, os recrutas se arrumaram para a revista da tropa, o sargento olhando detalhes da farda, cabelo, orelhas e unhas. O sol ardia na nuca, a banda esperando, um soldado polaco muito branco que estava na minha frente passou mal e o sargento me mandou avançar para a primeira fila. O general chegou perto do meio-dia. Baixinho, atarracado, bigode fino sobre lábios grossos, tinha cara de quem ganhou na loteria. Já descendo do carro, avisou que tinha compromissos, passou um olhar distraído pela tropa reunida, raspou o coturno no chão:

– Se minha mulher visse isso punha vocês de quatro para lamber o chão.

Os recrutas procuravam com um olhar discreto a sujeira que a ponta da bota indicava, mas não dava para ver nada. Não importava, o general já pedia a viatura para seu compromisso de almoço.

O jipe veio, reluzente, pneus untados com uma boa camada de graxa, bancos brilhando. O general se instalou ao lado do motorista, bateu continência, o sargento deu a partida e nada. Duas, três vezes:

"A limpeza deve ter molhado o carburador, uma estopa resolve", pensei, mas não disse nada.

O sargento desce do veículo, levanta o capô, mexe aqui e ali, chama um cabo, os dois já estão com as mãos sujas da graxa que passaram para deixar o motor com cara de novo. O general impaciente:

– Chama o oficial mecânico, porra!

– Não temos, senhor, só o cabo...

O general, agitado, vira para a tropa:

– Alguém aí é capaz de por essa bosta para andar?

A situação era explosiva. Os recrutas mal conseguiam ficar em pé, os fuzis velhos escorregavam nas mãos suadas, a tonteira do sol e do cansaço, a fome roendo o estômago. Silêncio total.

"Nada a perder", pensei e dei um passo à frente:

– Posso tentar, senhor.

– Nunca diga posso tentar, soldado, ponha o jipe pra funcionar ou 30 dias de cana.

Peguei a estopa que o cabo deixou cair no chão, uma mancha de óleo ficou brilhando no chão, o motor do jipe era brincadeira, comparado com o dos caminhões. Dois minutos para tirar a graxa, outros dois para secar a peça. Demoro mais um pouco para valorizar meu trabalho, o general esperando na sombra de uma árvore, o sargento como um cão de guarda, pronto para me jogar na cela:

– Senhor, pode dar a partida.

O motor roncou e deu para ouvir o suspiro de alívio da tropa. O general subiu no jipe exibindo agilidade e falou para o sargento.

– Leva o soldado, caso essa merda encrenque de novo.

– Não vai acontecer, senhor, disse antes de pensar, querendo me livrar logo de tudo aquilo. O general me olhou, sustentei o olhar:

– Você aprende depressa, soldado.

O jipe saiu rápido sem que o sargento desse a ordem de descansar. Os recrutas parados segurando os fuzis, eu com a estopa na mão, o sol insuportável. Nenhum oficial à vista, o cabo tinha ido junto, o pátio deserto fora aquele bando de recrutas cozinhando em fogo lento. Levantei o fuzil que tinha deixado no chão e falei em voz baixa enquanto me dirigia para o alojamento:

– Tarde de folga, pessoal!

Quando o sargento me chamou, no fim do dia, tinha certeza de que vinha chumbo grosso. Mas não. O general estava de partida e tinha dado ordem para eu ir com ele para a capital. Na mosca, Pernambuco.

Estava sozinho na traseira do caminhão que seguia a viatura do general. Acomodei o saco de viagem no banco que vai de um lado ao outro da carroceria coberta, me preparando para dormir por umas doze horas, tempo que levaria a viagem. Cochilo um pouco, percebo que o caminhão dobrou à direita e saiu do asfalto, adormeço mesmo com os solavancos e acordo com uma pancada forte na lateral da cabine, o motorista berrando:

– Vamos trabalhar, recruta!

Estamos no meio do nada. Só o caminhão, a viatura do general deve ter seguido em frente. Uma imensa plantação de soja, uma casa às escuras e um galpão enorme. A silhueta de duas colheitadeiras soltas no campo parecem esqueletos de gigantescos dinossauros. Uma grande peroba solitária, poupada por distração, parece ainda maior assim escura, contra o céu estrelado. Não tenho a menor ideia de onde estou, o motorista abre a porta do galpão, aponta para uma enorme pilha de caixas e outras de cobertores:

– Carregue e empilhe com cuidado, uma camada de caixa, cobertores em cima, outra camada.

Caixas fechadas, marcas estrangeiras, explicações em inglês, só entendo a seta apontando o lado que deveria ficar para cima, tudo frágil, adivinho toca-discos, televisores, calculadoras, fornos elétricos, secadores de cabelo, barbeadores elétricos, telefones. Caixas pequenas de canetas, lança-perfumes, perfumes.

Já estava amanhecendo quando terminei. A carroceria estava cheia, uma lona terminou de cobrir as caixas. Sobrou só uma parte do banco, onde me ajeito para dormir. Voltamos para o asfalto e rodamos por muito tempo. Paramos antes de chegar na cidade. Outro galpão, descarrego e seguimos para o quartel.

Cidade pálida, falta o barro vermelho avivando o chão, o verde é desbotado, assim como as pessoas. Sem a floresta, os pinheiros solitários parecem desamparados, galhos estendidos para o céu como se procurassem alguma coisa. Me lembro do pai. Ruas cinzentas, pouca planura, montanhas azuis quando procuro o horizonte. Passo o tempo todo no quartel, quando não estou de guarda. Me ocupo das viaturas, todo mundo me chama de mecânico. Não dou baixa, não tenho para onde ir e tudo que ouço no quartel me diz que as previsões de Pernambuco estão longe de virar realidade. Vou ficando. Nem Madureza, nem nada. Só vou ficando.

O general me chama de vez em quando para "serviços pessoais", como ele diz. Quase sempre, um problema no motor do seu carro particular. Tem paixão por automóveis, me consulta sobre novos modelos e mandou trazer um Ford Galaxie LTD Landau "direto dos Estados Unidos". Fui buscar o carro no porto.

– Sou o primeiro da cidade a ter um carro desses, um dos primeiros do país, diz o general sempre com aquela cara de quem ganhou a sorte grande. Me trata como homem de confiança, quase todo o mês faço a romaria do caminhão, carrega, descarrega.

– Quando é seu aniversário, soldado? – o general me pergunta um dia.

– Dezessete de outubro, senhor.

– Esse dia me lembra alguma coisa ruim – ele diz tentando lembrar, mas logo corrige. – Ah, não, é oito, oito de outubro. Nove balas para acabar com aquele canalha do Guevara e agora os vermelhinhos daqui tomaram suas dores. O certo é que, cedo ou tarde, todos vão ter o mesmo fim.

Não disse nada, só pensei que Pernambuco saberia do que o general estava falando.

De qualquer jeito, no dia dezessete de outubro de 1971, o general me dá uma calculadora portátil de presente. Uma daquelas milhares que eu carrego e descarrego do caminhão.

No alojamento, olho para o pequeno visor da calculadora, os número aparecendo como mágica. Aperto um número, uma tecla da fila do lado, sai outro número. Passo horas tentando descobrir o que significam, compro caderno e caneta, junto, separo, somo, divido. Funções, raiz quadrada. Decifro o manual em inglês com ajuda de um dicionário. Compro um livro de geometria e outro de matemática. E outros, assim que termino de ler os primeiros. Não quero outra vida.

FITA 4 / 4º DIA

Além de fazer contrabando e gostar de carros de último tipo, o general se ocupa de duas coisas: jogo e mulher nova. Eu não me importo, sou "seu homem de confiança", como ele costuma dizer, e passo muitas noites dentro do carro particular dele, esperando na frente das mansões onde o jogo corre solto, com todo tipo de mulher disponível nos intervalos. Levo meus livros, a calculadora mais moderna que consegui comprar e me distraio. Depois durmo durante o dia, o general avisa para o sargento que estive em "missão especial". Com as mulheres, acho que o general deveria ser mais cuidadoso, é casado com uma portuguesa baixinha, atarracada como ele, um buço preto de dar medo. Ela é filha de general e se souber que o marido apronta nem sei o que pode acontecer. Foi por isso que, numa dessas madrugadas, fui obrigado a dizer:

– Senhor, o colarinho...

Ele me olhou sem entender, cara amassada da noite sem dormir, fedendo a sexo e uísque. Acendo a luz interna do carro e aponto a mancha de batom no colarinho. Ele estica o pescoço e vê a marca pelo espelho retrovisor.

– Bem observado, soldado.

Tira um colarinho sobressalente da pasta que leva sempre junto com ele e me entrega o manchado:

– Dê um jeito nisso, soldado.

Depois da história do colarinho, por alguns dias, o general não me procurou e entrei no serviço de guarda normal. Foi nessa semana que montei guarda no hospital militar e virei ordenança.

Semana seguinte, muito cedo, o general mandou preparar seu carro particular para viajar:

– Missão secretíssima, à paisana – avisou, evidentemente nervoso.

O Landau rodava bem na estrada, rumo a Foz do Iguaçu. Passamos a noite num hotel discreto, manhã seguinte pegamos uma Bandeirante da Toyota – menos confortável, mas melhor para estradas de terra, também sem placa oficial – e atravessamos a fronteira. Presidente Stroessner era uma cidade triste, uma subida íngreme, ruas lamacentas, lojas mal iluminadas. Nunca fiquei à vontade ali, os olhos dos guaranis lembravam os do pai, a raiva incendiando a pupila.

Paraguai adentro, pegamos uma estrada que acompanhava o rio Pilcomayo e quando chegamos em Ita Enramada o general pegou um mapa desenhado numa folha de caderno, onde estava assinalado, em vermelho, a "casa do Alemão". Rodamos por carreteiras estreitas até chegar em uma fazenda isolada. A casa branca e baixa, pastagens, horizonte aberto. Um casal esperava à porta: o homem, muito alto e claro, olhos duros, a mulher guarani, de olhar indecifrável. Não havia hospitalidade entre eles e o general me diz para "passear um pouco". Sigo o barulho da água, que se ouve primeiro muito baixinho e vai aumentando, conforme desço pelo terreno gramado. Lá em baixo, entre árvores e arbustos, corre um rio de águas muito limpas, seixos cobrindo o leito. Muito peixe, principalmente nos remansos que se formam num e noutro ponto. Sigo o rio por um tempo na direção da nascente, depois penso que não devo me distanciar muito, posso não ouvir se o general chamar, e volto no sentido contrário.

O rio faz uma curva perto da casa e fica quase invisível porque uma sebe alta fecha as laterais e a ponta dos arbustos, muito tempo sem poda, se juntam formando um arco. Ouço ruídos na água e me aproximo devagar e silenciosamente – suçuarana, afinal. O rio forma uma espécie de piscina funda e consigo ver apenas parte do corpo da moça, mal coberto por uma espécie de bata, branca e de tecido muito fino. O cabelo preto molhado está colado no pano e no rosto. Ela cantarola uma música que não conheço, depois fica muito quieta e então mergulha. Dá para ver que está nua por baixo, o pano branco grudado no corpo esbelto e forte realça a pele mate de guarani. Quando volta à superfície, tem um peixe na mão, ri e devolve o peixe para o rio, dizendo alguma coisa que não entendo. Parece uma criança brincando, deve ser bem mais nova do que eu. Como tenho certeza de que ela não me viu, continuo parado no mesmo lugar, coração batendo forte, boca seca, cabeça vazia se enchendo de imagens dela, peito, bunda, pelos, mãos, braços, pernas, cabelos. Não vejo o rosto, mas adivinho. Ficamos assim por um tempo, ela brincando e eu gravando imagens. Um novo mergulho, mais um peixe, que não se debate nas mãos dela. De repente, se volta para mim, diz alguma coisa para o peixe e o devolve para a água. Ela sabia que eu estava ali.

– O que você falou para o peixe?

Ela me olha e sei que nunca mais minha vida será a mesma. Me olha sem assombro, nem medo, sem perguntas. Como se eu sempre estivesse ali. E sempre estive, ela e eu somos um só. Lembro de Ceiça dizendo que eu saberia quando fosse a minha metade, mas ela não é minha metade. Naquele instante, tenho certeza de que só existo porque ela existe.

– Falei que você é a suçuarana que eu estava esperando.

Vem andando pela água até onde estou, ficamos muito próximos, meu corpo é uma gelatina e meu cérebro uma estrela, só vejo a boca larga, vermelha e molhada, lábios cheios e olhos muito negros onde mergulho e naufrago. Muito próximos, mas só as mãos dela tocam meu rosto e ela me beija. Entra na minha boca e eu na dela. Nada mais. Não pressiono nem sequer encosto em seu corpo. Estamos um dentro do outro naquele beijo. Para sempre.

A voz do Alemão, chamando de longe, é forte e autoritária:

– Rosa! – e diz alguma coisa em guarani, que não entendo.

"Rosa", digo e repito. Ela passa a mão no meu rosto, carícia única, se afasta pelo rio, os dedos tocando a água suavemente. Não olha para trás e desaparece entre as sebes.

Mergulho o rosto na água, ensopo a camiseta e deito na grama. O sol quente seca minha roupa e inunda meu peito de uma alegria tão intensa que mal consigo respirar.

A buzina da Toyota me põe em pé num segundo. Quando chego, Rosa está entrando no carro, carregando um saco de lona e uma almofada. O general diz apenas:

– A menina vai estudar na capital. Colégio de freira, disciplina, é o que a juventude de hoje precisa.

Senta-se ao meu lado, fosse outra a situação, eu ficaria espantado, mas agora não, nada mais me surpreende nessa viagem. Logo que saímos, vejo pelo espelho retrovisor que ela se aninha no banco, cabeça apoiada na almofada azul. Sem me mexer, posso ver parte do braço dobrado e a curva de um seio entre a massa de cabelos negros.

Um olho no espelho e outro na estrada. Volto mil vezes ao rio, acrescento detalhes às imagens soldadas no cérebro. Pela primeira vez na vida, faço planos, posso estudar com ela, dar baixa, trabalhar como mecânico.

No banco de trás, Rosa se mexe e agora tenho no meu campo de visão parte do rosto, a boca tranquila de quem dorme profundamente. Preciso me esforçar para continuar com os olhos fixos na estrada e não mergulhar no espelho.

Fantasio, imagino que o general vai pedir para levá-la à escola todos os dias, nem vou me importar de acordar cedo, mesmo que passe a noite esperando o general nas jogatinas.

Voltamos ao LTD, Rosa se aninha confortavelmente no banco macio e dorme a viagem toda, o general está quieto, pouco à vontade no banco da frente, eu penso. Quando chegamos, me indica o caminho até uma rua tranquila, de prédios baixos:

— A menina fica aqui.

Rosa sai do carro sem dizer palavra, reparo que o general tem a chave da porta do prédio. Volta logo depois, abre a porta de trás, em vez de Rosa vejo a boca de bigodes finos e ele diz:

– Você não pode falar sobre isso a ninguém.

Manhã seguinte, acordo muito cedo, banho tomado, farda limpa. Espero o general me chamar, quem sabe a menina precise comprar roupas, parecia ter tão pouca coisa naquele saco que trouxe na viagem. Posso sair com ela enquanto o general dá expediente no quartel. Mas nada disso aconteceu. O general não me chama, nem naquele dia nem nos próximos, fico no quartel. Os dias se arrastam, penso em procurar o prédio, mas desisto, não conheço bem a cidade, as ruas parecem iguais. Cinzentas e iguais. Passo as noites num estado de febre, as cenas do rio rodando na cabeça o tempo todo, às vezes imagino que meu corpo e o dela viram uma coisa só, rolando na grama. Rosa, Rosa.

Espero o general na saída de sua sala, fazendo de conta que é um encontro ao acaso:

– Bom dia, senhor.

O general responde a contragosto, sai apressado.

Passa uma semana e o sargento me informa que, por ordem do general, estou à disposição do quartel do batalhão mecanizado que está com um grande número de veículos parados por falta de manutenção. Um cemitério de sucatas me espera, nunca vou terminar esse serviço, mas me empenho em dar conta rapidamente e em descobrir a escola onde Rosa estuda. À noite, procuro na lista telefônica os colégios com nome de santo, copio os endereços, vou chegar bem cedo em cada um deles até encontrá-la.

O cabo que dirigia o caminhão do general apareceu no quartel um dia, quando eu estava desmontando o velho motor de um blindado. Era homem da fronteira, fama de bem informado, chegou como quem não quer nada:

– Mudou de posto, hein?

– Só estou dando um jeito nessa velharia – explico, tirando a cabeça para fora do capô. A luz do sol me cega por um instante mas logo consigo ver o cabo, com seu jeito esquivo, falando meio de lado:

– Parece que o velho mudou de ramo... Sempre chamava o general de velho.

– Não sei de nada.

– É, ninguém sabe, mas ele trocou o negócio da fronteira por uma belezinha.

Faço cara de quem não entende, a "missão secretíssima" do general se dissolvendo na minha cabeça.

– Dizem que trouxe a filha do Alemão para estudar, mas de fato ela é o ágio do negócio...

– Dizem muitas coisas – falo e meto a cabeça sob o capô e ali, o cheiro de gasolina e óleo se misturando, pó, sujeira e escuridão, meu coração vira pedra.

Cinco semanas desde que encontrei Rosa no rio. Cinco semanas de paixão e espera. Cinco semanas para descobrir que Rosa vai de manhã para o colégio de freiras e de tarde para a cama com o general. Não se engane, Suçuarana, "vai fazer cinco sumana" e ela não volta nunca mais. Porcaria de música, porcaria de vida.

Informo o sargento que vou dar baixa, minha mãe está doente, minto, precisa de mim. No dia seguinte o sargento me entrega todos os documentos, o soldo adiantado do mês e um envelope escrito "Carta de Recomendação". É do general, dentro tem um papel manuscrito dirigido ao Ilmo Sr. Doutor Getúlio Vargas de Oliveira, Diretor da Conquista do Oeste, dizendo que eu era pessoa de absoluta confiança dele, general, e que devia ser contratado para "engrandecer ainda mais a próspera empresa" do tal Getúlio. O endereço, em baixo, era de Cascavel. Pensei em rasgar a carta, mas não tinha mesmo para onde ir, guardei-a no bolso e peguei o primeiro ônibus para lá.

Não lembro da viagem. Devo ter passado pela ponte sobre o rio Laranjeiras, mas não vi, não pensei no pai, em nada. Do lado da rodoviária tinha uma pensão, entro e um menino grita lá para dentro:

– Tem gente, dona Rosa.

Saio dali em disparada, não quero, nunca mais, ouvir esse nome. Paro numa esquina, a rua é a do endereço da carta do general, vejo uma placa muito colorida, pendurada ali pertinho, um chapéu de caubói desenhado num canto: Conquista do Oeste. Embaixo, em letras menores: "Você também pode ter seu pedaço de chão!". Entro, uma moça sentada atrás de uma escrivaninha escura pergunta "o que deseja", desejo morrer, mas respondo:

– Doutor Getúlio está?

– Quem quer falar?

– É da parte do general – nem termino a frase e a moça já abriu e fechou a porta que fica atrás de sua mesa.

A passagem da saleta de entrada, sem janelas e com a escrivaninha escura, para o escritório do Senador é um choque. A sala tem paredes e móveis claros, tapete no chão, uma mesa com tampo de vidro, uma janela grande com cortinas leves e brancas. O homem está sentado, apoiado tranquilamente no espaldar de uma cadeira alta, parece muito à vontade de terno e gravata, cabelos bem penteados e unhas brilhantes. Do lado de cá da mesa, uma poltrona confortável, mas bem mais baixa. Qualquer pessoa de altura normal que se sentasse ali ficaria com a cabeça um pouco acima do tampo da mesa e o homem poderia olhar para o interlocutor de cima para baixo. Sento na borda da poltrona e, com minha altura, ficamos no mesmo nível. Passa os olhos pela carta do general e diz, num tom seco e firme:

– Você dirige? Estou precisando de um motorista.

– Sim, senhor, doutor Getúlio.

– Começa amanhã. E olhe, por aqui, todos me chamam de Senador.

– Sim senhor, Senador.

FITA 5/5º DIA

O Senador tem dois carros. Um de passeio, preto, novo e muito bem cuidado, e uma caminhonete pintada de amarelo, com o nome da empresa nas duas portas e, atrás, a mesma frase da placa: "Você também pode ter seu pedaço de chão."

Quando cheguei, no primeiro dia, ele entregou a chave dos dois carros e deu instruções claras:

– Você só dirige quando e para onde eu mandar. Nunca faça perguntas ou discuta minhas ordens. Esteja aqui sempre no horário e com as roupas em ordem. O que você vê aqui e o que você ouve aqui não interessa a ninguém. Assim vamos nos dar bem e tudo vai ficar em paz.

O Senador parece gostar das palavras e nunca diz uma frase só, mesmo nas coisas mais simples. Fala destacando cada sílaba, não abrevia, não usa gíria nem palavrão. Pronuncia o "esse" no final das palavras com um leve chiado.

Usa a caminhonete para mostrar terras para os clientes e para cobrar as dívidas de quem já comprou. O carro de passeio serve para visitas importantes. Vamos com frequência a Foz do Iguaçu, muitas vezes esperei por ele na frente do quartel e num escritório de luxo no centro.

Por mais que eu não faça perguntas, sempre acabam me contando coisas sobre ele. É só saber que sou seu motorista e lá vem história. Os mais velhos dizem:

— A mãe do Senador é costureira, criou o rapaz sozinha, pedalando a máquina dia e noite. Agora que ele está bem de vida, ele não sabe o que fazer para agradar a velha.

— A mãe do Senador é muito piedosa e vai à missa todos os dias. Aos domingos, o Senador, a mulher e os dois filhos, acompanham a velha e depois vão almoçar juntos num restaurante. Isso é sagrado para ele.

— Foi a mãe dele que deu o apelido. Vestia o menino com todo o capricho e dizia que o filho ia ser importante, um senador.

— A mãe deu nome de Getúlio Vargas porque é gaúcha e admirava muito o "pai dos pobres".

Os mais jovens fazem outro tipo de observação:

— O Senador só veste roupa e sapato feito sob medida.

— Ele começou ajudando os parentes gaúchos que queriam comprar terra por aqui, se deu bem, abriu um escritório aqui, outro lá no sul, e seguiu de vento em popa.

– O Senador tem amigos importantes, fica sabendo de tudo o que vai acontecer com antecedência. Isso ajuda muito os negócios dele.

– O Senador é bom vendedor e cobra dívida melhor ainda. Ninguém fica devendo para o Senador.

De minha parte, não tinha opinião sobre ele. Dirigia o carro para onde ele mandava, muitas idas e vindas ao aeroporto, o Senador viajava muito. Não fazia perguntas, mantinha minha roupa em ordem e, enquanto esperava pelo patrão, na cidade, no banco ou no aeroporto, me divertia com as calculadoras que comprava na fronteira, cada vez mais admirado com o que podia fazer com elas. Na fronteira também comprava revistas que mostravam os últimos lançamentos da eletrônica. Com ajuda de meu velho dicionário, ia descobrindo um mundo novo.

O escritório do Senador tinha uma porta que dava para outra sala, cujas paredes eram cobertas por mapas grandes. O Rio Paraná cortava os mapas e dos dois lados do rio, dentro de uma área marcada em vermelho, cada propriedade estava assinalada com um alfinete espetado e um nome escrito. Numa outra parede, um mapa com lotes divididos. Mais nada, só um nome em baixo: Rondônia. Nem foi por curiosidade que entrei na sala e vi tudo isso. O Senador tinha esquecido a pasta e me pediu para pegá-la na sala ao lado do escritório. Foi aí que vi os mapas e, como sempre, não fiz perguntas nem falei para ninguém.

Um dia, estamos na estrada para Foz do Iguaçu, o Senador no banco de trás, a pasta de couro no colo, examina uns papéis. Sei que são papéis do banco porque já vi outros em cima da mesa da secretária. De repente, me pergunta:

— Você está com aquela sua maquininha aí? — fico espantado, não tinha percebido que ele sabia, mas respondo:

— Sim, senhor.

— Pare o carro e faça alguns cálculos para mim. Tem alguma coisa errada nessas contas e preciso verificar.

Paramos no acostamento, o Senador dita os números e eu verifico, os números não batem e eu arrisco:

— Estão aplicando correção monetária sobre o principal mais o juro e depois calculam o juro com correção monetária.

— Vamos voltar.

Fico esperando na frente do banco por mais de duas horas. O Senador volta satisfeito:

— Sua maquininha rendeu um bom dinheiro hoje e uma boa lição de moral no gerente. Vamos voltar para a estrada.

Não me dou ao trabalho de dizer para ele que a calculadora não descobriu sozinha o truque do gerente do banco.

Um dia, o Senador chegou com um papel enrolado na mão e abriu o rolo, com um grande gesto:

– O que você acha?

Era um desenho colorido, um homem com cara de agricultor, mapa do Brasil no fundo e a frase "Venha para a nova fronteira". O dedo do homem aponta para Rondônia. Reconheço o mapa da outra sala. Em baixo, Conquista do Oeste e o endereço. Não digo nada e o Senador continua, cada vez mais animado:

– Esse é o primeiro cartaz da campanha, são três ao todo. Amanhã vão estar por toda parte, com anúncio nas rádios também. Na semana que vem muda o cartaz e a mensagem e no final do mês entra a última. É o que há de mais moderno em publicidade.

O segundo cartaz, espalhado por dezenas de cidades próximas, tinha um desenho de uma grande área de terra destocada, pronta para o plantio, estrada passando na frente, com a frase "O alqueire mais barato do Brasil". Em baixo, outra frase: "Em Rondônia você compra cinco alqueires de terra limpa e boa pelo preço de um, aqui no Oeste do Paraná".

A última peça da campanha era mais direta: "Conquista do Oeste leva você até Rondônia". O Senador fretou um ônibus e levou um agricultor de cada uma das cidades da região. Tudo pago, com direito a hospedagem no meio do caminho, comida, bebida farta e putaria. Foi um sucesso, os agricultores voltaram convencidos do negócio, deram entrevistas nas rádios e declaração nos jornais.

Uma fila se formou na porta da Conquista do Oeste. A maioria agricultores com pouca terra e filhos crescidos. O Senador recebia um por um, explicava tudo, respondia as perguntas com toda a paciência. No final do dia o chão da sala estava coberto de terra das botas e chinelos dos agricultores e a mesa, de contratos de compra e venda devidamente assinados.

O Senador parecia o bom samaritano. Pagava pelas terras dos agricultores o preço de mercado, não cobrava comissão e vendia para eles uma área cinco vezes maior, com escritura passada.

Era ano de eleição e os candidatos que tiraram fotos com ele foram eleitos. Quando lhe perguntavam por que não se candidatava, dava sempre a mesma resposta:

– Meu lugar é aqui, já tenho meus homens em Brasília. É isso, conto com meus homens lá!

Andava satisfeito, esfregando as mãos:

– Tudo está dando muito certo, muito certo!

Um dia, quando voltávamos de Foz, me mostrou uns papéis com extensas fileiras de números, separados por linhas horizontais e verticais:

– Você pode verificar os números desta planilha para mim?

Era a primeira vez que eu ouvia a palavra planilha e via um papel daqueles, mas respondi, sem piscar:

– Posso sim, Senador.

Ele me passou os papéis, eram formulários contínuos, separados por linhas pontilhadas perfuradas, números impressos semelhantes aos da calculadora. Lembrei que vi uma foto de papéis parecidos num anúncio de uma das minhas revistas. O Senador disse:

– Largue tudo e cuide disso. É urgente, para ontem!

À noite, antes de começar a revisão das infindáveis colunas de números, procurei o anúncio que tinha visto na revista. Um homem ao lado de um equipamento reforçado apontava para a máquina dizendo mais ou menos o seguinte: "nosso negócio é imprimir velocidade na sua vida." Que vontade eu tinha de conhecer essa máquina!

A primeira planilha era simples. Quatro colunas com nome de pessoas, hectares, percentuais e valor em dólar. Comissão por compra de terra, paga em dólar. Tinha alguns erros, arredondamento a menor, anotei ao lado da planilha o número correto. A segunda planilha era igual, mas não estava completa. A linha da comissão estava em aberto.

Anotei alguns nomes das duas planilhas num papel. Cheguei cedo ao escritório e entrei na sala de mapas. Os mapas estavam diferentes, boa parte dos alfinetes com nome tinham sido transferidos para os lotes de Rondônia, enquanto os do Paraná estavam pintados de preto. Era o que eu tinha pensado: todos os nomes que estavam nos alfinetes espetados em Rondônia também estavam na primeira planilha. O Senador ganhava comissão por agricultor transferido, proporcional à área que liberava no Paraná. Em dólar. Os nomes da segunda planilha eram aqueles que continuavam espetados nas terras próximas ao rio Paraná.

Quando entreguei as contas revisadas, o Senador entrou no escritório, fechou a porta à chave, me passou uma pasta de couro e disse:

– Preciso entregar uns papéis para o gerente do banco lá do outro lado. Você vai levar para mim.

"Lá do outro lado" era o Paraguai. Levei a pasta, o gerente recebeu, entrou por um corredor, voltou algum tempo depois, devolveu a pasta, que parecia bem mais leve. E puxou conversa:

– O senador disse que o senhor é bom com números. Quer ver como funciona nosso sistema?

De uma hora para outra passo de chofer a contador. O Senador me entrega cada vez mais as contas da Conquista do Oeste. É muito dinheiro entrando, estou cada vez mais familiarizado com o sistema do banco lá do outro lado, mas não gosto de levar os tais papéis, mesmo sabendo que ninguém vai parar o carro do Senador na Ponte da Amizade.

Passo muito tempo no escritório e acabo vendo, mesmo sem querer, outros mapas, como o que marca a delimitação de terras devolutas em Rondônia, anexado a um documento, a solicitação de posse dessas terras, assinada pelo Senador. Outro documento, em papel timbrado do governo, com o valor de indenização das terras que serão inundadas com construção de uma enorme barragem no Rio Paraná. Preços muito acima daquele pago aos agricultores pelo Senador. Uma operação esperta: pediu e ganhou de presente as terras de Rondônia, que vendia barato aos agricultores do Paraná; pagava "preço de mercado" pelas terras do Paraná porque sabia que iria receber indenização mais alta e ainda ganhava comissão pelo favor que estava prestando ao governo de limpar a área a ser inundada.

A "corrida para Rondônia" perdeu velocidade e o Senador andava meio nervoso. Estávamos na estrada, o motor começou a falhar. Parei no acostamento, abri o capô, mexi aqui e ali. O Senador desceu do carro:

— Ouvi dizer que tem uns agitadores convencendo os colonos a não vender mais as terras. Um tal de Pernambuco, comunista de carteirinha, anda por aí dizendo que a transação é irregular, que estou vendendo terras que ganhei do governo, que Rondônia é um inferno. Você já ouviu falar dele?

Mais uma vez, é o capô que me salva, mas no escuro cheirando a gasolina e óleo, meu coração vira pó. Quando levanto a cabeça, estou mais calmo:

— Desculpe, Senador, não ouvi o que o senhor disse.

— Não importa. Já podemos ir?

— Felizmente sim.

FITA 6 / 6º DIA

Os negócios do Senador não vão bem. O plano de Rondônia está afundando: já deu até no *New York Times* a notícia da devastação da floresta amazônica pela "Conquista do Oeste", e histórias sobre irregularidades na venda das terras correm de boca em boca. E quando sair a notícia da desapropriação milionária das terras para construção da hidrelétrica, a situação vai piorar ainda mais. E o Senador tem certeza de que tudo é culpa do "VV". É assim que o Senador se refere a Pernambuco nas longas conversas que mantém, pelo telefone, com seus amigos militares.

– Alguma notícia do VV, general?

...

– O Violeiro Vermelho, o tal do Pernambuco, codinome de um dos mais perigosos terroristas do país...

...

— Ele é uma ameaça para a nação, general, precisa ser encontrado logo e tirado de circulação, tirado completamente...

...

— É impossível que ninguém o encontre, general, um homem assim não desaparece, precisa das massas para poder agir, precisa das massas...

Os telefonemas se repetiam diariamente, mas ninguém sabia do paradeiro de Pernambuco. O Senador contratou policiais para seguir qualquer pista.

— Encontrem VV antes que eu fique arruinado. Arruinado!

Estava longe da ruína. O dinheiro que tinha e as indenizações que ainda ia receber faziam dele um homem muito rico. Mas não era essa a causa da ira contra Pernambuco. A verdade é que o Senador não tolerava que atrapalhassem seus planos. Era capaz de ir até o fim do mundo atrás de um sujeito que lhe devia dinheiro, por menor que fosse a dívida.

— Posso gastar mil vezes o que me devem, mas não deixo que ninguém atravesse meu caminho, ninguém!

E era por isso que não desistia de encontrar Pernambuco.

Sei que Pernambuco tem experiência em fugir de cercos e que se preocupa muito com o que chama de logística. Um dia, quando voltávamos de uma de suas reuniões, me disse, assim sem mais nem menos:

– Aprecio muito esse seu modo de andar, camaradinha. Silencioso, sem rastro. Pode ser muito útil em determinadas circunstâncias.

Expliquei para ele do jeito que o pai me explicava, que é preciso arte para imitar o andar da suçuarana.

– Primeiro, é preciso sentir a redondeza da Terra e nela encaixar a planta dos pés, que também é curva para isso mesmo. O pé tem planta, mas não tem raízes, por isso é preciso fincar os dedos no chão até sentir que fazem parte da Terra, se orientam por ela, como as raízes. Na hora em que o homem molda o pé na Terra é reconhecido pelos bichos como um igual.

– Seu pai era um homem sábio, camaradinha…

– Não era, morreu como uma galinha boba…

Pernambuco colocou a mão no meu ombro e continuou andando, calado por um tempo. Depois disse:

– Ele tinha dois caminhos: fugir ou fincar raízes. Escolheu o que achou certo e para fazer isso é preciso ter muita coragem.

Eu não conseguia ver raiz alguma no sangue de meu pai empapando a terra, mas não respondi. Continuamos caminhando em silêncio, Pernambuco firmando os pés no chão, as sandálias de couro com sola grossa de pneu pisando macio sem deixar vestígio.

A logística de Pernambuco poderia funcionar se ele soubesse dos planos do Senador. Eu não tinha certeza de que sabia. Penso num jeito de avisá-lo, mas desconheço seu paradeiro e ninguém vai dizer para o motorista do Senador onde ele está.

Penso nisso o tempo todo, o Senador não deixa o assunto morrer e eu procuro uma saída. Me lembro das falas de Pernambuco, dos ensinamentos da dialética, da contradição que apontava em cada coisa, analiso o comportamento do Senador, e nada.

O escritório vazio, o Senador trancado em sua sala, e me distraio olhando os jornais que se amontoam na saleta da secretária. O Senador tem mania de jornal, faz assinatura, manda buscar, recebe de cortesia. Não lê muito, gosta de saber fofoca de políticos e de ver seu nome nas colunas sociais. O resto, só mesmo notícia de seu interesse direto. Nos últimos tempos, não lê nada, só pede para a secretária recortar tudo o que é publicado a seu respeito:

– Vou fazer um dossiê contra esses inimigos do povo e entregar para os militares, vou fazer isso!

Para passar o tempo, organizo os jornais por data e comparo manchetes, tento entender os números das cotações da bolsa. Um dia vejo estampada na primeira página de um jornal paulista uma nota cercada: "Alerta aos brasileiros". Assinada pela Associação das Esposas e Mães pela Democracia, acusava os comunistas de "promover a dissolução dos costumes difundindo o uso da pílula anticoncepcional". Li a nota duas vezes e, de repente, encontro um jeito de avisar Pernambuco.

Espero um intervalo entre dois telefonemas e entro na sala do Senador. Olhar distante e frio, logo volta aos papéis sobre a mesa:

– O que é, rapaz? Estou ocupado.

Estendo a nota, ele passa os olhos e descarta:

– Não tenho tempo para bobagens, como já lhe disse, estou ocupado.

– Senador, o senhor me desculpe, mas a expansão da fronteira agrícola é mais importante que a pílula...

Ele não entende a frase, mas levanta a cabeça, um pouco mais atento. Explico a ideia:

– A Conquista do Oeste precisa ser defendida e seus inimigos são inimigos do país...

– Não posso fazer isso, não acreditariam, iam dizer que estou falando em causa própria...

– O senhor não, mas aqui também existe a Associação e sua mulher...

Um segundo mais e o olhar mudou, ficou alerta e esperto. Ligou para casa:

– Minha querida, pode marcar uma reunião da "Esposas e Mães" para hoje à tarde, aqui no escritório? No almoço explico tudo.

Num minuto, voltou a agitação dos grandes momentos, a secretária organizou a sala, a mesa grande com tampo de vidro e oito cadeiras. Na cabeceira, a poltrona alta do Senador.

Elas começaram a chegar aos pares, todas muito arrumadas, batom, maquiagem, brincos e pulseiras reluzentes, bolsas vistosas. Estavam excitadas, falavam ao mesmo tempo e a sala se encheu de um perfume doce que me lembrou da casa do barbeiro. O Senador me pediu para secretariar a reunião. Limpou a garganta e disse:

— O momento é grave, senhoras, a ação dos comunistas atingiu o coração das nossas famílias. Precisamos dar um basta.

As mulheres assumiram um ar assustado e, por um instante, ninguém falou. Depois, as declarações foram surgindo:

— É, precisamos dar nome aos bois!

— Cortar o mal pela raiz!

— Proteger o que ganhamos com muito trabalho e dedicação!

— Deus, pátria, a família e a propriedade, é o nosso lema!

O Senador ouvia com atenção e assentia com a cabeça. Passada uma meia hora de comentários genéricos, ele me disse:

— Anote tudo o que eu falar. Depois você lê e as senhoras aprovam.

Escrevi com enorme cuidado o texto ditado pelo Senador, pois cada palavra poderia significar um erro no meu plano. Decorei a declaração:

"Vive a Nação dias de angústia. A legalidade está ameaçada pela ação de títeres de Moscou. Move-nos a consciência de nossos sagrados compromissos para com a Pátria e para com a sobrevivência do regime democrático. Nosso objetivo supremo é o de garantir aos nossos filhos a herança do patrimônio de liberdade política e de fidelidade cristã. Consideramos nosso dever alertar a todas as pessoas de bem que a campanha de difamação ora em curso contra os extraordinários esforços da empresa Conquista do Oeste em alargar as fronteiras de nossa agricultura é mais uma artimanha vil dos comunistas liderados por um falso violeiro de codinome Pernambuco. Oculto nas sombras, ardilosamente envolve agricultores inocentes em denúncias infundadas. Nós, membros da Associação de Esposas e Mães pela Democracia, exigimos das autoridades a imediata prisão desse nefasto agitador e seu afastamento definitivo do convívio com nossos agricultores".

As mulheres aplaudiram, uma delas sugeriu que faltava um apelo religioso e o Senador concluiu:

– Oremos para que tal providência seja logo colocada em prática. A família que reza unida permanece unida.

A nota foi aprovada por aclamação e, no dia seguinte, estava nas primeiras páginas dos jornais, foi lida em todas as emissoras de rádio da região e nas igrejas. As mulheres foram chamadas a dar entrevistas e acrescentavam novas informações sobre o perigoso comunista:

– Tem pacto com o demônio para tocar violão e hipnotizar as pessoas com sua música.

– Tem avião particular pago pelo ouro de Moscou.

– Chegou a viver com oito mulheres em Maringá.

– Era capaz de matar uma pessoa com apenas dois dedos.

– Andava com uma arma escondida dentro do violão.

Durante uma semana, Pernambuco fez a alegria da imprensa. A foto publicada, de um menino olhando firme para a câmara, era aquela do tempo de Porecatu. Depois, o assunto foi perdendo força. Como eu esperava, Pernambuco não foi encontrado, mas eu tinha certeza de que ele sabia que estava sendo caçado. A logística para escapar do cerco ficou por conta dele.

Depois de uma semana agitada, o escritório voltou à calma, os negócios ainda parados. Eu continuava passando o tempo com os jornais. Montei uma espécie de jogo, procurando explicações para a alta ou baixa das ações fora das páginas de economia. Uma tentativa de golpe num país africano abaixava a cotação de uma empresa holandesa. Uma tempestade de granizo na América Central aumentava a cotação da *American Juice*. O fim do casamento de uma cantora lírica com o rei do leite... E assim por diante. Pinçava notícias que julgava importantes, cruzava com empresas com ações na bolsa, fazia uma previsão para o dia seguinte e me espantava com a quantidade de vezes em que acertava em cheio. Se eu pudesse comprar e vender ações com o dinheiro do Senador, talvez ele esquecesse Pernambuco definitivamente.

A verdade é que o Senador tinha outros assuntos para se preocupar. Depois das denúncias sobre irregularidades na venda de terras em Rondônia, tinha muita gente de olho nos seus negócios. Para evitar novos problemas, o governo decidiu não lhe pagar diretamente a comissão pelas propriedades que tinha comprado dos agricultores no Paraná e que agora ameaçavam reclamar na Justiça porque as terras em Rondônia não estavam legalizadas.

– Os militares estão ficando frouxos. Noutros tempos, tinham autoridade para fazer qualquer negócio. Agora, tem até um almirante protestando contra a construção da hidrelétrica porque o reservatório é grande demais, vai inundar terras férteis, vai acabar com as Sete Quedas... Saudade do Médici, esse sim era um general de fibra.

Os problemas do Senador não me interessavam. Continuava me distraindo com a calculadora, os livros de matemática e as ações na bolsa. Comecei a chegar mais tarde no escritório, não fazia nada mesmo. Foi num desses dias que, ao chegar, dei com o LTD do general na frente do escritório. A boca secou, medo de ver Rosa sentada no banco de trás, dormindo com a cabeça apoiada na almofada. A secretária esperava na porta:

– O Senador disse para você tirar o dia de folga. Pode pegar o carro dele.

Saí sem destino, peguei o rumo de Foz do Iguaçu, a cabeça latejando. Parei na frente do escritório dos americanos, onde esperei muitas vezes o Senador. Pensei em ver se tinha chegado alguma revista nova, o secretário sempre guardava para mim aquelas que tinham novidades da eletrônica. Quando entrei, ele foi logo dizendo:

– Tenho ótimas notícias para você. Relatei para meu chefe, no Rio de Janeiro, seu interesse pelo processamento de dados e ele me encarregou de repassar um convite para você conhecer pessoalmente o que meu país está fazendo nessa área.

O secretário me entregou um envelope gordo, com dezenas de prospectos e um formulário, que preenchi na hora. O convite era para um mês, mas a ideia de sair do país e nunca mais ver o Landau do general pareceu maravilhosa.

Voltei para casa e devorei os prospectos, lutando com palavras que não entendia, manuseando o dicionário com desespero. Anotei num caderno os termos que precisava aprender e não poderia esquecer para convencer o Senador a me liberar: processamento de dados; discos magnéticos; circuito eletrônico; chip de silício; circuito integrado; microprocessador. Todas essas palavras não ajudariam muito, mas dizer que a rede mundial de computadores surgiu em plena Guerra Fria, com objetivos militares, isso iria funcionar com ele. Depois, o mundo dos negócios, IBM, Microsoft, Apple. O Vale do Silício.

Não entendia metade do que estava escrevendo, palavras novas entrando no cérebro, tudo o que sei é que não sei nada, eu, minha calculadora e meu dicionário na idade da pedra. Mas de uma coisa tinha certeza: tudo isso tinha muito a ver com meu jogo de brincadeira no mercado de ações.

O mundo da informática estava explodindo lá fora e eu de malas prontas, a cabeça cheia de perguntas, indo para *Silicon Valley*, na Califórnia, o centro de tudo. Naquela noite, não pensei em Rosa.

Quando cheguei ao escritório, no dia seguinte, para informar ao Senador sobre a viagem, dois homens estavam retirando a placa da "Conquista do Oeste". Um deles soltou a corda e a placa caiu no chão com estrondo, o metal ficou amassado e a pintura arranhada. Ninguém pareceu se importar com isso.

A porta trancada, bati e a secretária abriu apressada. Dentro, uma revolução: caixas e caixas de papel, amarradas com barbante e etiquetadas por data, mapas, papéis e jornais espalhados pelo chão.

O Senador chegou logo depois, era um novo homem. Jeito de quem saiu do banho, olhos brilhantes, roupa impecável, cabelos bem penteados, me chamou ao escritório, que ainda estava em ordem, e trancou a porta:

"Agora é jogo rápido", disse ele, quando entrei, me levando para a sala de mapas, que tinha mudado completamente. Plantas de casa de diversos tamanhos cobriam as paredes, loteamentos enormes nas proximidades do canteiro de obras da hidrelétrica.

– Chega de lidar com esses caipiras, o negócio agora é construção civil. A cidade vai explodir, gente chegando de todo lugar. E eu vou ser o fornecedor de cimento para tudo isso!

O Senador estava realmente entusiasmado:

– Vai entrar muito dinheiro e não posso continuar lidando com os banquinhos daqui. Nem ficar mandando mala para o outro lado. Quero fazer meu dinheiro rodar o mundo e voltar dobrado. Precisamos nos modernizar, meu rapaz, por isso você tem que aprender a lidar com essa tal informática.

Então era isso: o Senador tinha arranjado a viagem. Não me importei nem perguntei nada, queria mesmo ir embora. Ele me explicou que estava mudando o escritório para um depósito longe da cidade, que também ia "operar um pouco no ramo da agricultura", me deu um aperto de mão:

– Os americanos dizem que não é todo dia que se encontra uma cabeça como a sua: você nasceu para isso. Vá e aproveite.

Um depósito longe da cidade... Juntando isso com o Ford Landau e o desmonte do escritório, não foi difícil imaginar que o Senador havia passado seu negócio de indenização das terras para o General em troca do controle da venda de cimento para as empreiteiras que trabalhavam para a hidrelétrica. Uma conclusão puxa outra, que ficou girando na minha cabeça: será que Rosa fez parte do negócio?

Jogo a pergunta numa gaveta em algum canto do cérebro, tranco com cadeado duplo, e vou cuidar da viagem.

A rapidez com que meus documentos ficaram prontos me deu a certeza de que tudo já estava acertado há algum tempo. Não demorou uma semana e eu estava no aeroporto, esperando para o embarque.

Pela primeira vez na vida, eu estava por minha conta.

FITA 7/7º DIA

No aeroporto de San José, Califórnia, um sujeito louro, alto, me aguardava com uma folha de papel onde leio MISTER JOS UARANA. Não consigo ver o nome inteiro porque o polegar dele cobre metade do papel, mas imagino que seja a mim que ele espera. Me apresento, ele amassa o papel e pega minha mala sem dizer palavra. O aeroporto é perto da cidade, por isso os prédios são baixos, entremeados de casas de madeira muito grandes e sólidas. Depois, uma praça bastante arborizada e o hotel.

Na recepção, o homem louro fala alguma coisa com o funcionário e começa uma discussão que não consigo acompanhar. De vez em quando, o funcionário me olha, como se buscasse cumplicidade, aponta para meu nome na ficha que tem na mão, entendo que a discussão tem algo a ver comigo, distingo, muitas vezes, as mesmas palavras "*diacritical mark*", "*with or without*". O funcionário me estende papel e caneta, aponta meu nome na ficha e junta os dedos como se estivesse escrevendo. Escrevo meu nome, em letra de forma e ele abre um largo sorriso, enquanto o grandão fecha a cara.

Estou no meio dessa situação incompreensível, quando chega um rapaz de terno e gravata, pele clara, cabelos pretos, que se apresenta com um aperto de mão. Tem um sotaque tão carregado que demoro a entender o que diz, mas finalmente chego à conclusão que ele é o tradutor que vai me acompanhar durante a viagem. Pergunto o que está acontecendo, ele se dirige aos dois num inglês rápido, a discussão recomeça, ele ouve com atenção e depois me explica:

– Há uma divergência entre esses dois senhores sobre a acentuação de seu primeiro nome.

Faço cara de espanto e o tradutor se apressa em explicar:

– O assunto é relevante porque as autoridades da cidade estão a escolher se, no nome oficial, San José será acentuado ou não, pois em inglês não existe acento, mas o nome é de origem espanhola, e esses senhores têm opiniões divergentes.

Me mostra, afixado no muro do outro lado da rua, dois cartazes muito semelhantes: "*I love San Jose without diacritical mark*" e o outro "*San José is the name*". Mal cheguei e virei peça de campanha e o funcionário, claramente de procedência mexicana, não mede sorrisos quando me acompanha até o apartamento.

Estou exausto, deito na cama macia e acordo com o telefone. É o tradutor:

– Senhor José, temos compromisso logo mais.

No caminho, passamos por um parque, "Plaza de César Chavez", diz a placa.

– Também houve uma campanha para manter o acento em César?

– Não, senhor, a discussão envolve apenas o nome da cidade.

Só aí percebo de onde vem a mistura de sotaque.

– Você é português?

– Não, meus avós.

No Instituto, por uma semana me apresentam os equipamentos de informática de última geração. Todos são gentis quando explicam com orgulho a enorme evolução da tecnologia no país, mas ninguém parece disposto a me deixar tocar nos equipamentos.

Na segunda semana, arrisco um *"may I?"* na frente de um dos muitos computadores da sala e o jovem estudante que me acompanha abre um sorriso e aponta para uma cadeira. Fiquei ali por mais de seis horas e nos dias seguintes chegava antes da hora marcada e enlouquecia o tradutor com dezenas de perguntas.

O mês passou muito rápido e, para surpresa minha, na última semana me ofereceram uma bolsa para que eu continuasse estudando no Instituto. Uma bolsa pequena, mas aceitei sem pensar. Ficar era tudo o que eu queria. Pensando bem, nem era mesmo para não voltar ao Brasil, para não saber de Rosa. Naquele momento estava tão obstinado em aprender a lidar com aquelas máquinas que não tinha lugar para mais nada na minha cabeça. Tinha certeza de que, com um computador, conseguiria montar um sistema infalível para transformar o mercado de ações numa roda da fortuna.

Escrevi para o Senador, informando do convite. No último parágrafo da carta me colocava à disposição para o que ele precisasse. Não precisava ter feito aquilo, poderia ter aproveitado para deixar tudo para trás. Mas, no fundo, sabia que ainda iria precisar dele.

O Senador respondeu numa carta de poucas linhas, muito formal, desejando sucesso nos meus estudos e terminando com um "certo de que poderei contar com seus préstimos no futuro". Enfim, tudo estava no mesmo lugar.

Mudei para um hotel barato, ainda perto do Parque, porque gostava do lugar. De manhã, estudava inglês. À tarde, ficava no instituto de pesquisa. Quando comecei a dominar as máquinas, senti que os professores me observavam com um interesse enorme, manifestavam surpresa com as soluções que encontrava porque eram sempre diferentes daquelas que ensinavam. Afinal, meu aprendizado se deu numa calculadora barata e eu inventava formas de resolver os problemas do meu jeito. A reação dos professores fazia eu me sentir como uma cobaia *"from Brazil"*, cujo comportamento eles analisavam detalhadamente.

À noite, tentava avançar no inglês, precisava me livrar das aulas para ter mais tempo para o resto. Ligava a TV para me acostumar com a língua, mas pouco aproveitava porque falavam muito rápido e a pronúncia era muito diferente daquela da sala de aula. Foi Ângela, a camareira da noite, que me deu a ideia de alugar fitas e assistir filmes. Foi assim que ela, mexicana, aprendeu a falar um inglês no maior estilo Grace Kelly, sua atriz favorita. Ângela me ensinou outras coisas: gostava de mim, melhor, gostava de fazer sexo comigo. Brincava com meu corpo com tamanho prazer que me contagiou e passávamos noites em folias que lembravam o tempo da Pensão das Meninas. De quando em quando, éramos interrompidos por uma chamada do receptor que ficava no bolso do avental largado numa cadeira. Então ela colocava rapidamente o uniforme sobre o corpo nu, vestia as meias e sapatos brancos e ia atender a chamada. Às vezes, não voltava, acho que também prestava serviços na cama de outros hóspedes. Não me importava porque, com ela, era só a diversão que contava. Quando voltava, trazia uma taça de vinho branco, transformava os seios rijos numa concha cheia de líquido, o cheiro de uva californiana misturado ao perfume barato que usava, e eu bebia com gosto. Outras vezes me oferecia as próprias uvas, encaixada em qualquer buraco do corpo que sua louca imaginação sugerisse. E assim passávamos o resto da noite rolando na cama, no tapete, no box no chuveiro, transformando o quarto numa balbúrdia que ela mesma arrumava no outro dia. Dia amanhecendo, eu ia exausto para a aula de inglês e ela, de volta para *su hombre*. Tempo bom, em que pouco pensei em Rosa.

Nas folgas de Ângela ou quando o hotel estava lotado e ela muito ocupada, passava o tempo vendo filmes em videocassete, buscando o "meu sotaque", assim como ela encontrou o de Grace Kelly.

Antes disso, no Brasil, talvez tivesse ido uma ou duas vezes ao cinema. Em San José, num quarto acanhado do hotel barato, via dois, três filmes por noite. Fui aprendendo a observar a fala, a cor, a luz, a sombra, o movimento, o suspense, o gesto, a lágrima, o riso. Nos filmes, encontrava Pernambuco, Rosa, Senador, o general, o pai, a mãe, a dor, a solidão, o poder, a vergonha, a raiva.

O Homem que Matou o Facínora, Vinhas da Ira, Gilda, Casablanca, O Grande Ditador, A Marca da Maldade, Janela Indiscreta, The Godfather, vejo tudo o que acho na locadora, misturado aos filmes de suspense que Ângela recomenda. Ela tem fascínio pelo mistério, conta mil vezes a história da mansão das 200 janelas, uma lenda na cidade, o drama da velha proprietária, convivendo com os fantasmas de todos os trabalhadores que por lá passaram nos 38 anos que demorou para ser construída. Passei muitas vezes pela casa e não vi nenhum fantasma. Ângela jurava que tinha visto, e muitos.

– Quase todos compatriotas – dizia, referindo-se aos mexicanos.

Não consigo encontrar minha pronúncia, testo todas e provoco risos entre os colegas quando chego falando como John Wayne ou James Stewart, Glenn Ford ou Marlon Brando.

Um dia, assistindo a um programa de entrevista na TV, achei meu sotaque: queria falar como John Huston. A moça da locadora encontrou uma fita com entrevistas dele que ouvi dezenas de vezes, ajustando o modo de falar. Achei "meu" inglês e em pouco tempo dispensei as aulas. Mas minha história com Huston não acaba aí, comecei a ver os filmes dele e não parei mais. Via tudo o que encontrava. Anos depois, quando foi lançado o filme *Cannery Row*, narrado por ele, tive certeza de minha escolha. Ouvi dezena de vezes a narração do filme e aí fui atrás dos livros de John Steinbeck e me apaixonei por suas histórias. Li e reli tantas vezes cada trecho usado no filme que até hoje sou capaz de repetir quase todos. Exatamente como John Huston.

O primeiro ano em San José passou rapidamente. Ângela e o tradutor me ofereciam diferentes experiências na cidade. No lado mexicano eu era muito popular porque o nome escolhido para a cidade foi San José com acento, embora a discussão continuasse, mas ficava pouco à vontade, com medo de que alguém desconfiasse de que Ângela não só fazia minha cama todas as manhãs como desfazia o quarto inteiro durante a noite. Na Little Portugal, onde vivia a família do tradutor, a vida tinha um ritmo tão regular e lento que nem as fabulosas sobremesas oferecidas depois do invariável bacalhau me animavam a voltar com mais frequência. Para dizer a verdade, nunca tive muitos amigos nem sentia necessidade de fazer parte de um grupo. Minha história foi feita de poucas pessoas e assim deveria continuar. Gostava mesmo era de caminhar pelos parques da cidade, enquanto pensava na solução de meu jogo.

No Instituto, ultrapassei rapidamente meus colegas, nem eu mesmo sei explicar o que acontecia. Simplesmente compreendia as máquinas com a mesma facilidade que a calculadora que ganhei do general.

Terminei o ano como aluno oficial do Instituto e, nos anos seguintes, voltei apenas em férias ao Brasil, mas não visitei o Senador, preferi viajar a outros lugares. Foi numa dessas idas ou vindas que vi Alícia chegando. Enquanto subia as escadas do avião, me lembrei da promessa de Pernambuco: "assim que a gente derrubar os milicos, procuro você e vamos ter muito o que comemorar."

Nem tinha muita certeza de que os milicos foram mesmo derrubados, mas sabia que o Senador não o esquecera e fiquei imaginando por onde andaria meu amigo.

No instituto, me sinto em casa, sou estudante sênior, todos me conhecem. Não falo a ninguém sobre meu joguinho, mas tudo que faço está voltado para descobrir como juntar dados e driblar o tempo na transmissão de dados. Alguns dos professores mais experientes parecem perceber onde quero chegar e foi assim que recebi um convite para visitar uma corretora de Nova York. Convite inofensivo que aceitei por curiosidade. Carro à disposição, hotel caro e muita adulação. Eles faziam perguntas sobre meu "projeto" e eu, Suçuarana, me movimentando silencioso no meio daquelas feras. A visita foi importante porque percebi que as corretoras tinham um sistema de transmissão de dados melhor e mais rápido do que o do instituto, mas também tive certeza de que não aproveitavam essa velocidade do jeito que poderiam. Não cheguei a visitar os centros de informação militares ou afins, mas o que tinha de mais moderno em informática estava mesmo em Wall Street.

Foi num barzinho de Nova York que eu conheci o músico. Pedi um uísque, ele estava encostado no balcão e me perguntou:

– Brasileiro?

Não me dei ao trabalho de perguntar como ele sabia, apenas confirmei. Quis saber meu nome, respondo e ele diz:

– Como a música?

Cheguei a sentir o cheiro do sabão e do quarto de Pernambuco, o coração apertado. E se fosse ele ali na minha frente, colocando a mão no ombro, me chamando de camaradinha?

Olho bem para o homem, nada em comum com Pernambuco, cabelo e barba branca, rosto envelhecido de quem vive na noite, magro e muito pálido.

Estranho encontro, aquele. O homem sobe ao palco, pega o violão e canta "Sussuarana". Ninguém mais no mundo vai cantar como Pernambuco e Ceiça, mas viajo até a Pensão das Meninas e custo a entender o que o músico diz, quando volta ao balcão:

– Você me deu sorte, fiz uma aposta com o dono do bar, há uns dez anos, de que consigo cantar uma música brasileira nova a cada noite. Sussuarana é a 3601 da minha lista."

Começa a contar sua história, estudante fugido da ditadura, foi ficando e agora nem pensa em voltar. Ganha a vida tocando música brasileira no bar. A história da aposta se espalhou e atrai público, movimenta o bar e com isso ele vive bem. Para compensar, diz ele, além da música nova de cada noite, toca o que o público gosta mais, bossa nova, e no final, canta sempre a mesma "Chão de Estrelas", que ele diz que devia ser o hino nacional do Brasil.

Na lista de músicas já cantadas, escritas com caneta de ponta grossa numa parede branca, ele acrescenta Sussuarana e volta ao palco, anunciando a despedida.

Volto ao bar algumas vezes. Ele fala de música com um entusiasmo de menino, me indica lugares para comprar discos. Fala porque tem saudade, porque adora o Brasil, sente falta das praias, do sol, do riso solto, dos abraços – coisas que pouco dizem para mim –, mas de qualquer jeito começo a gostar de música tanto quanto de filmes. A lista continua crescendo e, pelo menos quando estou lá, ele canta "Sussuarana" e, invariavelmente, termina com "Chão de Estrelas". Sempre fico até o bar fechar porque, por alguns momentos, chego a sentir Pernambuco ao meu lado.

Pernambuco... O que ele diria das minhas escolhas, de aceitar a condição de cobaia num laboratório eletrônico nos Estados Unidos, sonhando em criar um sistema infalível para ganhar dinheiro?

Ele queria que eu estudasse, não era? E depois, o dinheiro era apenas o meio de colocar meu jogo para funcionar. Por que eu queria fazer o jogo? Porque era uma febre, só iria passar quando eu conseguisse colocar todas as variáveis na máquina e rodar o sistema.

Uma febre que me tirava o sono. Passava noites em claro tentando resolver partes do jogo. Quando conheci o músico, tomei gosto por cantores americanos e acabei descobrindo um jeito de acalmar meu cérebro e adormecer. Não sabia cantar – Pernambuco dizia que era porque eu não sabia ouvir – então prestava atenção nas letras e me concentrava em dizer as palavras exatamente como o cantor dizia na música. Tudo isso só pensando ou às vezes sussurrando. Me apaixonei por uma música que, por alguma razão, tinha em mim um efeito parecido com Sussuarana cantada por Pernambuco e Ceiça. Me levava pra longe de mim. Chamava *Ill wind*, composta por Arlen e Koehler, na década de 30, no tempo do Cotton Club. Tinha algo de comovente e trágico, mas, para mim, na voz única de Billie Holliday, funcionava como música de ninar. Ainda gosto de repetir partes da letra: *"Blow, ill wind, blow away, let me rest today..."*

Cinco anos em San José, já não sou mais bolsista e sim pesquisador do instituto, o Brasil do Senador parece tão distante quanto a Lua, meu programa teoricamente está pronto, desmembrado em partes incompreensíveis porque não quero entregar o jogo para eles, pois sei que vai parar rapidinho na corretora de Nova York.

Foi nesta época que o Senador, pela primeira vez, me pediu para vir ao Brasil. Fui direto a Foz do Iguaçu, estranho o acanhamento do aeroporto e me espanto com o movimento da cidade, o número de edifícios novos, a variedade de gente nas ruas. Não é a mesma cidade.

O Senador mora lá, tem um escritório enorme e movimentado na cobertura de um hotel recém-construído, dos mais altos da cidade, que também é dele. O Senador continua falando mal dos comunistas, mas mudou muito, parece mais jovem, mais confiante, suas roupas são finas e bem mais elegantes. A sala é grande, clara, com temperatura agradável e sua cadeira é apenas discretamente mais alta, para deixá-lo na mesma altura dos interlocutores que, agora, sentam em sofás confortáveis. O que me pede é bem simples, criar um modelo para "ajustar", como ele diz, sua contabilidade à dos clientes, muito mais moderna. Coloca à minha disposição os assessores jurídicos, que me explicam as exigências legais e monto um programa simples seguindo os dados que me apresentam para uma grande variedade de produtos: controle de estoques, custo de estocagem, pagamentos, recebimentos e aplicações. Os preços de venda são padronizados e não há informação sobre custos iniciais, apenas valores altos e constantes para armazenagem. Penso que deve sair desse item o maior ganho do Senador, mas não tenho nada com isso.

O Senador não me pede mais nada.

Fico poucos dias na cidade e deixo o hotel bem antes da hora do embarque. Paro para tomar um café e fumar um cigarro num bar, o gosto é ruim, deixo pela metade e amasso o cigarro no cinzeiro. Ainda estranho a liberdade de fumar em recinto fechado. Lá é absolutamente proibido. Quando coloco o pé na calçada, alguém me chama: "Suçuarana!" Ninguém mais me chama assim, nem mesmo o Senador, que me tratou e me apresentou como doutor José, acho que para valorizar a importância de meu trabalho. Olho em direção ao chamado e vejo uma mulher de cabelos curtos e crespos, vestido leve, curto, decotado e sem mangas, um sorriso largo. Custo a reconhecer a secretária da Conquista do Oeste. Na época, usava cabelos muito compridos e repuxados, roupas fechadas, saias quase até o pé, acho que por motivos religiosos. Nunca pensei que ela tivesse braços e pernas como mostra agora... Me dá um abraço caloroso, lembro da saudade do músico, fico pouco à vontade, mas retribuo.

– Não sabia que tinha voltado, quando chegou?

Explico que estou só de passagem, que embarco ainda hoje, que vim apenas fazer um trabalho. Ela pega meu braço e me arrasta para uma confeitaria com ar condicionado e escolhe uma mesa num canto discreto. Fala um pouco sobre sua vida, casamento com um técnico do Maranhão que veio trabalhar na barragem, dois filhos, retomada dos estudos e depois pergunta, olhando firme para mim:

– Veio trabalhar para o Senador?

Estranho o olhar, respondo afirmativamente e ela fala, num tom de voz baixo:

– Você é um sujeito inteligente, Suçuarana, já deve ter percebido que tipo de negócios ele faz...

– Não me meto nos negócios dele, só faço meu trabalho – respondo em voz calma, convencido de que é isso mesmo.

– Não faz diferença, ele mete você nas tramoias dele. Olha, Suçuarana, os tempos estão mudando por aqui. O Senador ainda tem costas largas, mas o poder dos militares não vai durar para sempre.

Penso em Pernambuco, tenho vontade de perguntar sobre as mudanças, talvez alguma pista, mas me limito a dizer:

– Não se preocupe, estou voltando para os Estados Unidos, minha vida está lá.

A mulher não se tranquiliza com a resposta e continua:

– O Senador já era pilantra naquela época, sabe Deus quanta gente enganou, mas de lá pra cá as coisas tomaram vulto, entrou em negócios da pesada e até largou a família, se amigou com uma paraguaia muito jovem, quase uma menina, foi um escândalo.

Não ouço mais o que ela fala. Lembro do Senador no dia seguinte à visita do General, com jeito de quem saiu do banho, olhos brilhantes, roupa impecável, cabelos bem penteados, tão diferente do estado em que se encontrava nos dias anteriores. Bem que eu desconfiei, mas saber é pior do que desconfiar. Procuro manter a calma, acendo um cigarro, a mão está firme, bebo um gole de café para limpar a voz: não vou me entregar assim para uma pessoa que mal conheço. Pergunto, com ar de indiferença, o que foi que aconteceu.

– A mulher aprontou um escândalo, ameaçou denunciar todas as falcatruas deles, mas recebeu uma fortuna na separação e uma pensão gorda, e se aquietou. Os filhos ficaram do lado dela e odeiam o pai. Nunca vi tanta raiva junta. Acho que eles são capazes de matar o Senador se a pensão atrasar um dia.

Olho para o relógio, digo que preciso ir para o aeroporto. Ela parece desapontada com minha pressa, coloca sua mão sobre a minha e diz, com voz amistosa e um pouco maternal:

– Se cuide, Suçuarana.

A boca com gosto de café e cigarro está seca, os músculos dos braços doídos do esforço que fiz para não ceder ao tremor que ameaçava invadir o corpo, o coração pesado, mas nada do que sinto agora se compara à primeira vez que perdi Rosa. A história é tão bizarra que parece uma cópia malfeita. Penso que fica melhor assim, finalmente ela está fora de meu coração, de minha cabeça, dos meus planos...

Meus planos, é só nisso que penso durante a viagem. Uma ideia vai se firmando cada vez mais: sem o dinheiro do Senador, nunca vou poder rodar meu sistema.

Volto ao Brasil três anos depois, atendendo a um novo pedido dele, detalhado numa carta que me foi entregue em mãos por um funcionário do serviço cultural americano. É, o Senador virou um homem poderoso.

Na carta, conta que o país mudou muito, que os negócios cresceram, que estava dividindo seu tempo entre o escritório em Brasília e a fazenda em Brasileia, na fronteira com a Bolívia e que precisava de ajuda para organizar seus investimentos. Disse que costumava transferir o dinheiro para uma agência de um "banquinho" brasileiro nos Estados Unidos, mas que a situação do país estava mudando e essa facilidade poderia desaparecer a qualquer momento, e que confiava em mim para encontrar alternativa de investimentos seguros e rentáveis. A transferência do dinheiro era garantida, mas preferia investir em outras praças e não em agências de bancos brasileiros. Disse que poderia abrir uma conta em meu nome num banco americano e que todo o dinheiro que eu necessitasse para tomar as devidas providências estava à disposição.

Nas entrelinhas, era fácil entender o que o Senador queria: segurança para dinheiro que não podia provar a procedência. Com os maiores ganhos possíveis.

Achei melhor confirmar ao vivo as demandas do Senador e desembarquei em Brasília em abril de 1989.

Já no aeroporto deu para perceber que o país estava mudando. Clima nervoso, muita gente circulando, raras fardas. No caminho, vejo algumas bandeiras vermelhas com uma estrela e fico pensando na promessa de Pernambuco, vinte anos atrás, mas logo minha atenção se volta para a cidade, que lembra um *showroom* de arquiteto futurista, e esqueço Pernambuco.

O escritório da Empreendimentos e Participações Norte-Sul Ltda. ocupa um andar inteiro de um edifício novo, no Setor Comercial Sul. O nome discretamente talhado em mármore, remete minhas lembranças para a velha placa da Conquista do Oeste, desenhada em cores vivas com o chapéu de caubói.

Uma parede totalmente envidraçada, no escritório do Senador, permite ver a esplanada dos Ministérios e, no fundo, o edifício do Congresso Nacional. O Senador está de costas para a vista externa, mas o que eu vejo, sentado do outro lado da escrivaninha, é ele, em sua poltrona de couro preto, alta e imponente, pairando sobre as cúpulas. Acho que é de propósito.

O Senador está nervoso e apressado, fala rapidamente sobre o que precisa, apresenta alguns problemas novos, como organizar toda a contabilidade, e insiste muitas vezes na necessidade de ter uma conta exclusiva para depositar, mensalmente, "cem mil novecentos e trinta e um dólares, sempre no dia 25, sem nenhum atraso. Tire dinheiro de onde for, mas coloque este valor nesta conta todo mês." Entrega um papel com o número da conta, acho estranho o valor, pois o senador sempre gostou de números redondos e costumava dizer que odiava gente que se preocupa com centavos.

Falo que ele poderia fazer esse pagamento daqui mesmo e ele se exalta:

– O Brasil vai virar um inferno vermelho em pouco tempo, quem vai mandar é o VV e sua gangue! Já imaginou VV no poder?

Fala aos berros, uma veia saltando da testa, na qual nunca tinha reparado nos tempos da Conquista do Oeste. Um homem assustado e envelhecido. Será que ainda está com Rosa ou a passou adiante em algum negócio?

Pensei que poderia acalmá-lo dizendo que dinheiro não tem fronteira e que até na China existem paraísos fiscais e as bolsas de valores funcionam, mas não digo nada. Mudo de assunto, peço algumas informações sobre a forma de repassar o dinheiro, se poderia mexer em qualquer aplicação, mas ele interrompe dizendo com um "não interessa como, só faça" e me despacha para a assessoria jurídica.

Um escritório menos pomposo, a secretária pede para eu entrar e esperar.

– Os doutores logo chegam.

A frase ronda minha cabeça, "quem vai mandar é o VV...". Porra, o Senador ainda não esqueceu de Pernambuco. Fico pensando nisso enquanto caminho pela sala. Numa mesa de canto vejo algumas pastas, uma delas com timbre da Polícia Federal e carimbo de "confidencial". Está tudo quieto lá fora, abro a pasta e dou com uma ficha com a foto de Pernambuco, mais jovem do que quando o conheci, com informações sobre nome (Aparício Alves), codinome (Pernambuco) e prisões efetuadas. No rodapé da ficha, escrito à mão: "paradeiro atual: desconhecido" e a data: "30/03/89".

Largo a pasta, me acomodo numa poltrona. Pernambuco está vivo, mas a caçada continua. Por que um homem com a fortuna do Senador se apega tão persistentemente a essa perseguição? Pode ser que Pernambuco tenha atrapalhado os negócios de terra do Senador no Paraná, mas afinal deu tudo certo, ainda ganhou Rosa de troco. Aí a frase exaltada dele vem como resposta: "já imaginou VV no poder?" É disso que o Senador tem medo, sempre teve.

Os advogados são polidos e se colocam à disposição para explicar "a complexa rede de negócios da EPNS". Passo uma semana mergulhado em organogramas improvisados que tentam ordenar a barafunda dos negócios do Senador. Monto pilhas e mais pilhas de papéis, separo os empreendimentos e participações, sento pacientemente com cada um dos advogados e acabo concluindo que, ali, nada é o que parece. Empreendimento nenhum explica a origem do volume de dinheiro que entra ou sai: o Senador precisa de um sistema realmente complexo e não vai ser ali, naquele caos, que vou conseguir montá-lo. Quando vou conversar com ele, sinto que minha oportunidade finalmente chegou. Preciso de equipamentos, rede de transmissão de dados eficiente e de tempo para organizar as contas do Senador e isso é tudo o que quero.

Quando apresento minha proposta ao Senador, sugiro montar um escritório em Nova York, pensando no meu conforto e em sua preocupação com o "inferno vermelho", mas ele tinha mudado sua avaliação:

– Não, os vermelhos vão cortar toda a comunicação com o exterior, tem que ser aqui mesmo, preciso ter o controle de tudo, diga o que você precisa e eu providencio.

Não discuto com ele, também não explico que meu sistema vai fazer o dinheiro dele circular pelo mundo, que o número da conta que me deu também é de fora e que dinheiro não tem cor nem cheiro, muito menos pátria.

Voltei aos Estados Unidos com carta branca para comprar o que fosse necessário. O Senador me assegurou que teria acesso à rede de transmissão mais moderna que existia, desde que ficasse em Foz do Iguaçu, onde tinha contatos. Não gostei, mas não discuti.

Pensei em largar mão, não voltar ao Brasil, mas cheguei à conclusão que, nos Estados Unidos, não tinha futuro porque ninguém ia deixar um brasileiro qualquer dar certo em Wall Street.

Foi o músico que me deu o empurrão final para voltar:

"Aqui, amigo, estrangeiro é bom para fazer serviço pesado ou distrair as pessoas com um sambinha..." Pensei em Ângela e nos mexicanos de San José, no olhar rancoroso de alguns colegas do instituto, na irritação da turma da bolsa e decidi fazer o que o Senador pediu. Não, não pensei em Rosa, mas bem que imaginei que, estando no Brasil, poderia encontrar Pernambuco e ajudá-lo a escapar das garras do Senador.

Demorou meses para conseguir todos os equipamentos de ponta, alguns deles ainda de uso muito restrito, que foram despachados para Puerto Stroessner, que agora se chama Ciudad del Este. O Senador ligava toda semana, pedia rapidez, lembrava do depósito dos cem mil novecentos e trinta e um dólares, enfatizava a urgência e eu garantia que já estava trabalhando e que, quando chegasse, tudo estaria em perfeita ordem.

A conversa com a secretária, o nervosismo do Senador e sua obsessão por Pernambuco me deixaram mais cauteloso. Decidi manter o apartamento onde morava em San José e instalei lá um sistema independente, que permitia controlar todas as contas do Senador. Instalei, também, o meu jogo, pronto para ser alimentado a distância. Montei ainda um sistema para minhas contas. Para garantir que os equipamentos estivessem sempre conectados, contratei Ângela como arrumadora, dizendo que pretendia voltar logo e que deveria manter tudo em ordem. Recomendação final: nunca desligue os equipamentos nem a chave geral. "Posso voltar a qualquer momento e preciso que tudo esteja no lugar", insistia, enquanto Ângela me envolvia num abraço infindável, tentando me arrastar pela última vez para a cama, jurando que ela também estaria no lugar certo quando eu voltasse.

Saí do instituto sem grandes dificuldades, sem deixar rastros de meu sistema e me despedi de San José, onde continuavam debatendo com paixão o velho tema do "diacritical mark". Duas malas apenas, uma delas cheia de livros, e lá vou eu de volta, não para casa, que nem tenho, mas para os braços do Senador.

No aeroporto de Foz do Iguaçu, sou recebido por um motorista uniformizado que segura um cartaz escrito Dr. José Suçuarana e me leva para o mesmo hotel onde o Senador me recebera, anos antes. Na recepção, *check-in* rápido, muitas mesuras e um envelope. O mensageiro me leva ao último andar, onde ficam duas suítes contíguas. Uma delas, com uma placa elegante na porta: Empreendimentos e Participações Norte-Sul Ltda. A outra, diz o mensageiro, é "sua nova casa" e lá deixa minha bagagem e os dois cartões de entrada.

Mal o mensageiro sai, corro para o escritório. Espaço amplo, tudo formal, mesas, escrivaninhas e armários novos e impessoais, computadores de mesa. Abro o envelope, que tem outras informações. O acesso à parte de cima se dá por uma porta que fica atrás das pesadas cortinas da porta de vidro que dá para a varanda. Quase imperceptível, só abre com o cartão que veio no envelope. Depois da porta, uma escada leva a um salão enorme, onde os equipamentos que comprei nos Estados Unidos ainda estão nas caixas. Segundo as instruções do envelope, todas as instalações seriam feitas por uma só pessoa que viria na manhã seguinte, se apresentando na recepção como gerente técnico da EPNS. O cartão também servia para abrir uma porta de dentro do closet, que eu logo abri, curioso. Dava para um elevador que só era acionado pelo mesmo cartão e que parava direto numa lateral do hotel, num corredor fechado por portões altos com um aviso: "uso privativo da segurança". Por uma passagem estreita, por trás do elevador, chegava-se a um estacionamento também de uso privativo. Por fora, a porta do elevador era igual a outras distribuídas ao longo da parede, todas identificadas como Serviços Gerais e numeradas. Segundo as instruções, só eu tinha o cartão do elevador alternativo. Rota de fuga de filme B, tomara que nunca precise dela.

O gerente técnico chega bem cedo, trabalha em silêncio, apenas me consulta sobre a disposição dos equipamentos. Quando termina, me mostra as especificações da rede, rápida e firme, e não faço perguntas. Está pronta a sala do sistema, do meu sistema.

Decido organizar primeiro as contas para ter ideia do volume de recursos que vou mandar para o exterior e de quanto tenho para rodar meu programa. É um *puzzle* difícil, poucos investimentos produtivos, nenhuma informação sobre a fazenda. Olho para a pasta dos ativos imobiliários, dezenas de hotéis e shoppings espalhados pelo país. Tenho que aumentar o rendimento desses ativos para equilibrar entrada e saída de dinheiro e depois criar alguns vazamentos imperceptíveis através dos quais o dinheiro migra para os paraísos fiscais ou vai para o mercado de ações.

Faço as refeições no hotel e estranho o restaurante quase sempre vazio no almoço *à la carte* e lotado no jantar, com bufê farto e de má qualidade. Conversa vai, conversa vem, o *maître* acaba me contando que os hóspedes são turistas de pacotes baratos ou sacoleiros, tomam um café da manhã reforçado e voltam para o jantar. "A diária que pagam não cobre os custos", reclama. Na placa de tarifas exposta na recepção, as diárias são muito altas e aí vejo uma possibilidade de arrumar as contas.

Com ajuda dos corretores de Nova York, logo encontrei as "outras praças" que o Senador havia pedido. Em pouco tempo, espalhei o dinheiro por lugares que nem sabia que existia, deixando uma parte no curto prazo, e criei um sistema de acompanhamento que me dava tranquilidade para continuar meu trabalho. Também, como de costume, o Senador jamais questionava as prestações de contas. Nelas, colocava os rendimentos dos dias úteis do Brasil e não do país onde o dinheiro estava e arredondava os valores para menos. A diferença ia para minha conta pessoal, ou melhor, para eu treinar na bolsa.

Meu jogo era tão simples quanto a explicação do pai: não fosse a redondeza da Terra, o tempo não existia. Os fusos horários são uma invenção humana para evitar o caos no mundo. Eu driblava o tempo comprando ou vendendo ações alguns fusos antes ou em diferentes horários noturnos, enquanto algumas das grandes bolsas mundiais dormiam. Depois, era só ajustar as vantagens. Para saber o que ia acontecer, era preciso ouvir rádio, ler jornal, acompanhar as tendências das empresas e ficar de olho nos mercados que abriam antes, por conta do fuso horário local. Como existem 24 fusos, meu sistema podia fazer o dinheiro rodar com a Terra. Usando as variáveis que coletava com a leitura de todas as notícias que conseguia, até mesmo aquela que as bolsas de valores ofereciam aos clientes para orientar as decisões do dia seguinte, aplicava onde interessava. A diferença é que, para mim, não tinha dia seguinte, era tempo real 24 horas por dia, pois enquanto era noite aqui, em algum lugar, era dia.

Para colocar o meu programa em plena operação, precisava fazer o computador encontrar sozinho as informações que influenciavam as bolsas. O número de variáveis, porém era tão grande que a varredura que o computador fazia ainda deixava escapar detalhes importantes. Manualmente, meu sistema funcionava bem.

Acho que eu atribuía à máquina um poder que ela não tinha: de selecionar, na imensidão de fatos reais gerados a cada dia pela insensatez humana, aqueles que iriam influenciar os negócios virtuais gerenciados por essa mesma insensatez.

Vivia em estado de permanente vigília, usando o telefone sem parar, sempre com esperança de provar minha teoria. Aí, o computador trabalharia para mim e a roda da fortuna realmente ia girar.

Final de 1989, eleições, ainda não foi desta vez que o Brasil virou o inferno dos pesadelos do Senador.

Foi no ano seguinte que percebi os primeiros sinais de que alguém tentava entrar no sistema de contas do Senador. Primeiro, pensei que eram os coleguinhas de Wall Street, que me cercavam de todos os lados. Seguindo as pistas, porém, percebi que a origem de meu seguidor era outra: um delegado da polícia federal.

FITA 8/8º DIA

Não era bem essa a ameaça para a qual tinha me preparado, mas dava no mesmo. O sistema era cercado por alternativas falsas que davam em pequenos investimentos, resgatáveis por quem lá entrasse. Pensei que isso resolveria tudo, o sujeito entrava, pegava uma grana e ponto final. Não funcionou com o delegado e resolvi transferir todos os negócios do Senador para San José, através de outras redes, e comecei a montar uma contabilidade impecável, justificando todos os ganhos através de artimanhas que fui descobrindo ao mergulhar nos papéis. Lotei todos os hotéis com diárias cheias e comprovantes assinados pelos hóspedes baratos que não se importavam, pois seus pacotes de viagem eram *all inclusive* e não deviam nada. Transformei o aluguel de lojas nos shoppings em pequenas fortunas, endossados pelos proprietários que deduziam despesas muito maiores do que as que tinham realmente. Aluguel de máquinas agrícolas Brasil afora cumpria o mesmo papel. Uma roda de cooperação girando em torno de um só objetivo: todos queriam exibir uma declaração de renda impecável. Havia, ainda, a participação acionária em empreendimentos altamente lucrativos, como os bancos, que nunca eram submetidos à fiscalização rigorosa.

Sugeri ao Senador que contratasse uma auditoria independente, que aprovou as contas. O Senador pagou com gosto o imposto de renda do ano seguinte.

Parecia tudo calmo. Sabia as horas em que deveria ficar atento ao movimento das bolsas e às notícias do mundo. Nos intervalos, dormia ou me divertia criando novas armadilhas para o delegado. Incluí as movimentações de agricultores sem-terra entre as variáveis da bolsa no Brasil e, com isso, esperava descobrir o paradeiro de Pernambuco que, sem nenhuma dúvida, tinha participação nessa história.

Raramente saia do hotel. Da janela da cobertura, ar-condicionado garantindo temperatura amena para os equipamentos e para mim, tudo parecia irreal, pessoas, carros, casas, a floresta do parque. Isolado, rodeado por máquinas, minha vida era uma mistura de *Blade Runner* e *2001*.

A realidade, para mim, estava na tela do computador e da TV, em que assistia aos filmes que mandava vir de uma locadora próxima. Vi *Sneakers* mil vezes, acho, sabia de cor falas e truques, me incluía na turma de Robert Redford e torcia para Ben Kingsley se dar mal. Seguia à risca meus heróis e fiz uma lista de instituições para doar mensalmente parte das sobras de dinheiro do Senador. Anonimamente, é claro.

Vida agitada no computador e metódica fora dele. Uma vez por mês ligo para Ângela, avisando que enviei seu salário e o pagamento do aluguel do apartamento e repetindo as recomendações sobre as máquinas. Conversamos muito, ela se preocupa comigo, pergunta se estou me alimentando bem, faz seguidas recomendações de que *"el desayuno es la comida fundamental del día"*, me dá notícias da família e pede mil vezes que eu volte. Talvez por isso mesmo, capricho no café da manhã. Por recomendação do mensageiro, vou tomar café bem cedo, antes da invasão dos sacoleiros porque depois, segundo ele, não sobra nem migalha de pão. Na entrada do restaurante ficam disponíveis os jornais do dia mas evito ler até as manchetes, para não perder a concentração no *desayuno*. Também preciso de concentração para entender tudo o que está acontecendo, principalmente agora, com a campanha presidencial correndo solta, de novo. Por isso, deixo para ler tudo no escritório, os jornais e as notícias que o computador seleciona.

Naquele dia, na saída do café, meus olhos pararam na manchete: "Crime brutal nas barrancas do rio". Isso não é novidade, pensei. Subi para o escritório e de lá para a sala do sistema e havia muitos alertas piscando na tela. O primeiro que cliquei deu a mesma informação da manchete do jornal. Estranhei, fui adiante e deparei com a foto.

A foto em preto e branco era de Pernambuco. Estendido no chão num barranco qualquer, pés calçados com as velhas sandálias de couro, calça e camisa manchadas de terra. Tem os olhos muito abertos e um orifício pequeno manchado de sangue na testa. A foto não é boa ou a tremedeira que começa a tomar conta me impede de ver, forço o olhar e vejo que as mãos estão decepadas, cruzadas sobre o peito. Ao lado do corpo, o violão. No tampo do violão, em letras grosseiras, escritas com sangue num pedaço de papelão, uma frase: "Toca agora, violeiro filho da puta".

O café da manhã volta por onde entrou, mal tenho tempo de chegar ao banheiro, tremo, soluço e vomito. A cabeça lateja, o peito tem um buraco por onde vaza dor e culpa. Vomitei até a exaustão, chorando feito criança, a camisa de meu pai manchada de sangue, as mãos decepadas de Pernambuco rodopiando na minha cabeça. Se eu tivesse procurado antes por ele, se eu tivesse monitorado melhor as notícias, se eu tivesse... Eu sabia que o Senador não desistiria por nada desse mundo. Eu sabia. Assinou embaixo do crime para provar que ele, o Senador, nunca deixa uma dívida sem cobrar. E tem certeza de que ninguém vai acusá-lo de nada.

Não sei quanto tempo passou. Parei de tremer quando comecei a caminhar ao lado de Pernambuco, na rua de terra vermelha:

– Pernambuco, você tem medo da morte?

– Se tiver um bom motivo, não tenho, camaradinha.

– Não existe bom motivo para morrer, Pernambuco, só para matar. E aposto que ninguém vai procurar o motivo de sua morte.

– É aí que você se engana, camaradinha.

Saio do delírio e da prostração, tomo um banho e volto para o computador, para o rádio e para a TV, em busca de outras notícias. O crime – e a maneira como foi cometido – se espalhou pelo mundo e começava a ganhar proporções inesperadas no clima eleitoral já tenso. O morto foi identificado como militante do movimento dos agricultores sem-terra, que já se mobilizavam para uma grande manifestação e políticos de esquerda falavam abertamente de execução. A polícia estava sem pistas, mas o governo determinou a criação de uma força tarefa para investigar o assassinato de Pernambuco.

Já era de madrugada quando resolvi parar de procurar informações, esperando que, a qualquer momento, alguém se lembrasse do ódio do Senador pelo Violeiro Vermelho. Ninguém lembrou.

Pela primeira vez, em muitos anos, não pensei no meu sistema. A dor de cabeça continuava e adormeci repetindo devagar, entre soluços, a letra de *Ill wind.*

Passo a noite entre pesadelos e planos de vingança. Entro mil vezes no escritório do Senador para matá-lo, vou à polícia...

Acordo com o toque do telefone interno. Era da recepção, avisando que "dois senhores" pediam para falar comigo. Imaginei que era o tal delegado, minha distração de ontem poderia ter facilitado a vida dele, mas não queria que o Senador fosse apanhado assim, tinha outros planos para ele. Preciso me recompor para enfrentar os senhores que me aguardam no saguão.

Certifiquei-me de que estava tudo em ordem com as máquinas de San José, mudei rapidamente as configurações do computador que estava usando, deixei ligados todos os equipamentos da contabilidade oficial da EPNS, escondi o cartão da porta da sala do sistema. Tudo pronto, sou senhor da situação, Redford contra Kingsley.

Não estava enganado, os "dois senhores" se apresentaram como agentes federais. Tentei adivinhar qual deles estava na minha cola, mas nenhum fazia o tipo que eu tinha imaginado. Esperei que falassem e a pergunta que me fizeram fugiu totalmente do *script* que montei em minha cabeça:

– Pedimos desculpas por ocupar seu tempo, mas estamos investigando um assassinato e precisamos saber se o senhor conhece ou teve algum contato com Aparício Alves.

Num primeiro momento, não entendi. O nome parecia conhecido, mas meu cérebro ainda esta ligado na contabilidade do Senador e não vi ligação alguma. Levei alguns segundos para compreender que falavam de Pernambuco e, para ganhar tempo, respondi com um seco "não conheço".

Não convenci e um deles insistiu:

– É mais conhecido como Pernambuco...

Nego com a cabeça e faço menção de me despedir, mas o agente tira do bolso um envelope e diz:

– Peço desculpas novamente, senhor, mas gostaria que olhasse essa foto para ver se não reconhece a pessoa.

A foto é a mesma que vi na pasta, no escritório do Senador, anos atrás. Olho e devolvo com uma negativa de cabeça. O policial insiste:

– Encontramos esse recorte no bolso dele e fizemos ligação com seu nome. Foi a única coisa que encontramos com ele.

Tirou cuidadosamente do envelope um recorte de jornal amarelado, bem dobrado. Abri com o mesmo cuidado e lá estava a letra de "Sussuarana", com o nome dos autores, Hekel Tavares e Luiz Peixoto.

Ouço os primeiros acordes, levanto discretamente os olhos do recorte para ver se os dois homens também ouviram. Não, olham distraidamente para a recepção do hotel. Não parecem muito empenhados, cumprem apenas normas de investigação.

— Pernambuco, quando vou aprender a letra inteira de "Sussuarana"?

— Quando você entender o que diz, camaradinha.

— Não tem ela escrita em algum lugar?

— Quando achar, guardo pra você.

Devolvi o recorte:

— É um nome incomum, mas o meu se escreve com cedilha.

Outro acorde, começo a ficar desesperado, querendo que tudo aquilo acabe:

— "Sussuarana" com dois esses?

— Não, cedilha, como na certidão.

— Hum, mentira tem perna curta, não é, camaradinha?

Mentira tem perna curta, o que vou dizer aos agentes? Que sei quem matou Pernambuco? Que é só chegar no escritório da EPNS em Brasília e prender o filho da puta do Senador? Penso rápido num jeito de encerrar o assunto e falo, forçando um sotaque americanizado:

– Senhores, passei muitos anos estudando nos Estados Unidos, sem contato algum com o Brasil e, infelizmente, não posso ajudá-los na investigação. Queiram me desculpar, mas tenho trabalhos urgentes me esperando.

Funcionou. Um dos agentes ajeitou o recorte e a foto dentro do envelope e os dois se despediram, agradecendo pela atenção.

As notícias do dia seguinte são cautelosas. A foto de Pernambuco com as mãos decepadas causou constrangimento geral. Os agricultores sem-terra estão revoltados, exigem que a morte do companheiro Pernambuco seja investigada até que se encontre o responsável. Dezenas de declarações e análises de jornalistas sobre a influência do fato na corrida presidencial. Até o momento, nenhum suspeito.

O enterro reuniu milhares de agricultores, políticos e gente da esquerda. Todos enalteceram a dedicação de

Pernambuco ao movimento dos agricultores sem-terra, mas ninguém contou toda sua história. Não a conheciam e também não lembraram de pesquisar notícias antigas. Silencioso em suas sandálias de couro, Pernambuco, nessa história oficial, era apenas um esboço pálido da vida do Violeiro Vermelho.

Não consigo pensar em mais nada. Deixo o programa rodando e passo o dia imaginando o melhor jeito de pegar o Senador. Se o maldito delegado conseguir entrar no sistema, dane-se... Poderia deixar de depositar a pensão da ex-mulher... A secretária disse que os filhos do Senador o matariam se isso acontecesse. Foi aí que me lembrei de uma frase que Pernambuco usava muito, quando tentava me explicar a sua política:

— Nos poderosos, camaradinha, é preciso bater onde mais lhes dói: no bolso!

Era isso! Deixar o delegado avançar e desvendar finalmente as falcatruas do Senador. Vou afundar junto com ele, mas não me importo. Antes, porém, preciso planejar cuidadosamente a distribuição da fortuna dele para não deixar tudo cair nas mãos da polícia. Chamo o novo programa de Tornado – o carrossel desgovernado que vai espalhar o dinheiro do Senador entre todos os que ele mais odeia. Depois do

Tornado, tudo o que o Senador vai ter é uma moeda. Uma moeda. Prometo, Pernambuco.

Montar o Tornado vai demandar tempo e cuidado, mas, como dizem, vingança é um prato que se come frio.

Estava neste ponto quando o telefone celular tocou. Era o Senador. Nervoso e irritado, me diz que precisa de um favor. O tom não é de um pedido e sim de uma ordem:

– Minha mulher quer visitar o pai doente, que vive aí perto da fronteira e não entra num avião, de jeito nenhum. Quero que você venha buscá-la em Brasília. Deixo o carro pronto amanhã. Pegue o primeiro voo disponível.

Não consigo articular palavra alguma. Ouço as instruções que me dá, o carro estará numa garagem na Asa Norte, me passa o endereço, a placa do carro. E conclui:

– O nome de minha mulher é Rosa. Ela estará esperando lá.

FITA 9/9º DIA

Poderia ter encontrado uma desculpa, mas preciso ter cautela e deixar o Senador muito à vontade comigo, para levar meu plano até o fim. Por isso, pego o primeiro avião para Brasília, na manhã seguinte.

Na viagem, penso em Pernambuco, lembro e relembro. Minhas memórias estão escondidas em bolhas dentro do cérebro. Perdidas entre neurônios que se ocupam de assuntos melhores, algumas delas somem e outras, por descuido, escapam e explodem, contaminando tudo, como agora. Estou na Pensão das Meninas, no quarto de Pernambuco, manuseio os papéis finos que ele guarda no fundo do baú, procurando respostas que não preciso mais. Sinto o cheiro do sabão que fica embaixo da bacia, a aspereza do lençol de saco alvejado que cobre a cama dobrável. A mão de Pernambuco no meu ombro, depois dedilhando os acordes da Internacional.

Os braços pendidos e a cabeça baixa, da última vez que o vi. Inútil resistir, não vou mais conseguir colocar essas lembranças na bolha, fecho os olhos, Pernambuco na rede, abro os olhos, Pernambuco morto, na foto.

O aviso de aterrissagem me surpreende, já estou em Brasília, daqui a pouco vou encontrar Rosa. Não, esta bolha não vou deixar explodir, estou alerta, vigiando.

O carro é um utilitário de luxo, prateado, placa de Curitiba, com lugar para sete pessoas, vidros escuros, que está estacionado na frente de uma oficina. Um carro grande demais para duas pessoas, penso, enquanto olho em torno procurando Rosa ou outra pessoa que me dê as chaves. Nada. Decido abrir a porta do motorista e junto com o cheiro forte do couro novo dos assentos sinto um perfume suave. Rosa está sentada no banco que fica exatamente atrás do assento do motorista. Cabelos curtos, grandes óculos escuros, reconheço apenas a boca larga de lábios cheios, pintada com batom discreto. Parece menor e mais frágil, deve ser o tamanho do banco.

Por um momento, espero que ela saia do carro e sente-se ao meu lado. Custo a entender que, nesta viagem, como na outra que fizemos, sou o motorista. Apenas o motorista, digo e repito para mim mesmo enquanto ajusto o banco, estudo o painel do carro e verifico se os papéis estão em ordem. Locadora de Brasília, aluguel com motorista (eu, com todos os dados), por uma semana.

Tenho o roteiro pronto na cabeça, consultei vários guias depois que o Senador ligou, por isso agradeço quando Rosa entrega um mapa, "não preciso, sei o caminho".

– O roteiro é outro, veja o mapa.

A rota é Brasília-Curitiba. Pensei em fazer um comentário sobre o pai doente na fronteira, mas me lembrei a tempo que sou o motorista e devo levar a mulher do patrão aonde ela mandar. Olho o mapa, me oriento e partimos.

O carro é bom, as estradas nem tanto. Quando surge a oportunidade de correr um pouco mais, Rosa pede para eu reduzir a velocidade. "Desse jeito, vamos levar dois dias para chegar lá", penso, mas não digo nada.

Viagem em silêncio total, pelo retrovisor percebo que Rosa tirou os óculos e afundou-se no banco, a cabeça apoiada numa almofada azul. Em nenhum momento olha para mim. Diferente da outra viagem, vejo apenas uma ponta da almofada.

Mantenho o olho na estrada e ela no velocímetro. As únicas palavras que trocamos até a primeira parada para abastecer foram essas:

– Reduza a velocidade, por favor.

– Sim, senhora.

Dez horas no volante, pergunto se vamos parar para dormir. "Não, logo chegamos", diz ela e acrescenta:

– Se quiser parar para tomar um café, fico no carro esperando. Enquanto fala, rasga o mapa e quando estaciono num restaurante de beira de estrada, me entrega os pedaços para "jogar na lixeira".

Decido acabar logo com essa história, toda raiva acumulada desde a notícia da morte de Pernambuco me mantém acordado. À noite, a estrada está mais livre, Rosa está dormindo e não reclama da velocidade.

Seis horas da manhã entramos na cidade, ainda está escuro e o cansaço da viagem começa a pesar. Não conheço nada por ali e a sinalização é ruim. Entro por uma rua secundária sem saída, Rosa diz secamente que errei o caminho e manda, num tom de voz sibilante, que lembra o Senador em seus momentos de raiva, que eu faça a volta. Quando dou marcha à ré, percebo que bati em alguma coisa, uma pancada seca e, depois, silêncio. Paro o carro e desço para ver o que aconteceu. Rosa também desce, mas antes coloca os óculos. Vejo primeiro a bicicleta vermelha, com o aro entortado e o pneu murcho. Depois, o menino desacordado no chão, a cabeça rente ao meio fio. "Porra, de onde saiu esse menino, andando numa rua deserta a essa hora?" me pergunto, enquanto sinto seu pulso. Está vivo, respira normalmente. Não há nenhum sinal de sangue. Ninguém na rua, as casas fechadas.

– Precisamos levá-lo ao hospital – digo.

Rosa não me olha nem responde, ergue o menino, que pesa quase nada, miúdo, magrinho, deve ter uns oito anos, e deita-o com cuidado no banco traseiro, a cabeça apoiada na almofada. Ao mesmo tempo, manda eu pegar a bicicleta.

– É melhor deixá-la aqui, a polícia...

– Que polícia, está louco? Fala quase sussurrando, mas ouço perfeitamente o que diz a seguir:

– Tem mais de duzentos quilos de cocaína nesse carro. Vamos sair daqui com calma e levá-lo para a casa de um médico que conheço. Deixe que eu cuido de tudo. Ajeitou-se ao lado do menino, fechou a porta com cuidado e partimos.

Minha cabeça começa a doer de forma quase insuportável. A mentira da viagem, o carro reforçado, a placa de Curitiba, o mapa rasgado... Sou mesmo muito idiota. Puta que o pariu, o delegado está atrás do traficante e não do sonegador de impostos! Pior para o Senador e pior para mim, que passei os últimos anos operando uma lavanderia de dinheiro de drogas. Não, agora não é hora para pensar nisso.

Olho pelo retrovisor e Rosa está tranquila, acariciando o rosto do menino, os dois até se parecem, a mesma cor da pele, o cabelo escuro. Ela procura alguma coisa dentro da bolsa – penso que pode estar armada – mas tira um celular, digita um número e fala em guarani com alguém. A conversa é rápida e logo começa a me indicar o caminho. Paramos na frente de um grande portão automático, com uma placa discreta de "estacionamento para clientes" e abaixo Clínica Ginecológica.

Mesmo sabendo que não vai adiantar, digo que um ginecologista não vai ajudar o menino. Ela responde que é uma clínica, "tem tudo o que precisa". Desce do carro, aciona alguns números no painel do portão, que abre rapidamente e fecha assim que entramos. Rosa pede para eu parar na frente de uma grande porta de vidro. Desce carregando o menino e desaparece no interior da clínica. Fico no carro. Eu e duzentos quilos de cocaína.

É um pátio grande, cercado por muros altos. Nenhum carro. Lugar árido, silencioso e muito seguro para uma clínica ginecológica. Para espantar o sono, resolvo olhar se a batida deixou alguma marca no para-choque traseiro. Nada perceptível. Acho, no porta-luvas, uma flanela e um frasco que promete "limpeza e brilho para seu carro" e passo com cuidado em toda a parte traseira. Afinal, é isso que o motorista faz enquanto espera o passageiro... Passo o mesmo líquido no assento dos bancos traseiros e verifico a almofada, pode ter um fio de cabelo do menino, nos filmes eles sempre encontram os culpados assim. A almofada, firme e pesada, guarda o perfume de Rosa – a bolha ainda está bem trancada – ponho-a no piso do carro e decido que teremos que jogá-la fora. Penso em bisbilhotar o carro para ver se a história da cocaína é verdade, quando Rosa volta, sem o menino.

– Está tudo bem, vamos.

– É melhor você sentar na frente, aqui na cidade fica estranho um carro deste tamanho com uma pessoa na frente e outra atrás. E temos que jogar a almofada fora, pode ter vestígios do DNA do menino.

Rosa nem se dá ao trabalho de me olhar, enquanto abre a porta de trás, junta a almofada e se acomoda:

– Você não decide nada, é só meu motorista e meu álibi. Vamos embora.

Na saída, o portão é acionado por dentro, saímos, meus dedos doem porque aperto o volante com força para segurar a raiva no lugar que deve ficar: dentro dos meus planos para arruinar o Senador. "Levo ela junto", penso. Porra, será que tem cocaína na almofada? Para ter duzentos quilos, deve estar espalhada por tudo, quem sabe estou sentado nuns dez quilos... Imagino a droga escapando dos pacotes, se espalhando no interior do carro, saindo pela janela e deixando um rastro de pó branco pelas ruas. Levanto os vidros e ligo o ar-condicionado. Estou em pânico e não sei o que fazer. Obedeço às ordens de Rosa como um robô, viro onde ela manda, não presto atenção no caminho, mas percebo que estamos deixando a cidade para trás.

Pegamos uma rodovia estreita, com duas pistas, e começamos a cruzar uma ponte longa, um rio sujo e vagaroso correndo lá embaixo, quando Rosa abre a janela e arremessa com força a almofada, que faz uma curva no ar até cair no rio. Olho pelo retrovisor para ver se algum motorista percebeu, mas estamos sozinhos na ponte. Levada pela correnteza, a almofada afunda e desaparece antes de terminarmos a travessia da ponte. Foi só quando vi a mancha azul afundando nas águas barrentas que lembrei da almofada que Rosa levou na primeira viagem. Parecia a mesma e pensei na mãe, com a toalha bordada.

Rodamos mais alguns quilômetros e entramos numa estrada de terra sem nenhuma sinalização. Montanhas de caliça misturadas com lixo cercam os dois lados da estrada, entre casas miseráveis, crianças imundas remexendo os restos de comida escondidos entre pedaços de tijolos, argamassa, cimento. O lixo fede, a estrada esburacada faz o carro gemer e minha cabeça começa a doer novamente. A estrada piora e o cenário muda, ferro velho empilhado por todos os lados, cemitério de milhares de veículos a céu aberto, já não há casas, apenas pilhas de rodas, para-lamas, portas, para-choques, cabines inteiras, pedaços de carroceria. Diferente das outras pilhas, estas estão protegidas por lonas esticadas e presas com cordas nas quatro pontas.

– Pare o carro agora e esconda a bicicleta num desses montes. Esconda bem, não deixe nada à vista.

Tento pensar em outra coisa para me acalmar, lembrar a letra de *Ill wind*, enquanto abro o porta-malas e retiro a bicicleta. Entro embaixo da lona, afasto um imenso para-lama de caminhão, encaixo a bicicleta e recoloco a peça. Devo ter sujado a camisa quando me arrastei, tento limpar, mas ficam marcas de graxa. Não importa, o serviço está feito, mas Rosa, para minha surpresa, pede que eu troque a camisa. É, o motorista tem que estar bem apresentado.

Passamos por um portão eletrônico, o sujeito do outro lado confere o carro e mostra discretamente o relógio para Rosa. Estamos atrasados, evidentemente. Entramos numa ampla garagem, pé direito enorme, sem janelas.

Saímos do carro, cada um com sua maleta de mão. Chaves e documentos ficam, diz Rosa. No canto da garagem tem um corredor longo e totalmente fechado que leva até um elevador. Painel com três botões, Rosa aperta o terceiro. Descemos, uma camareira impecável indica o caminho. Rosa segue na direção oposta e desaparece em alguma porta, enquanto eu percorro outro corredor, claro, iluminado e totalmente envidraçado. No andar debaixo, do lado esquerdo, uma enorme piscina, um bar com poltronas de couro. Do lado direito, um gramado enorme, parece um campo de golfe e, mais adiante um bosque. Nenhuma pessoa à vista.

A camareira abre a porta de uma sala ampla com a mesa arrumada para o café da manhã do tipo hotel cinco estrelas. Espera eu me acomodar, sai e fecha a porta. Tenho a impressão de que foi trancada por fora, mas não fui verificar. Cansaço e fome. Comi bem e depois me acomodei numa poltrona no canto da sala.

Devo ter adormecido, não sei quanto tempo passou, acordo com o ruído de vozes, abafadas mas exaltadas. Três pessoas, seguramente; duas são mulheres, uma delas é Rosa e a outra voz é masculina. Falam guarani e, sinceramente, sinto alívio por não entender o que dizem.

Adormeço novamente, sonhos tumultuados, acordo com o ruído da porta abrindo, Rosa diz, simplesmente:

— Vamos.

Às vezes, como agora, fala "bamos". Não importa, o sentido é o mesmo. Descemos por uma escada monumental, corrimão sinuoso e reluzente de alumínio que compõe um jogo de formas com as esquadrias também onduladas da enorme janela que dá para o jardim. Saímos em uma alameda agradável, chão de pedras de diversas cores, árvores bem podadas. Um carro de passeio está estacionado. Rosa me passa chaves e documentos, mesma locadora, mesmo motorista. Senta no banco de trás, é claro. Não pergunto nada, nem para onde vamos, nem se ainda estamos transportando droga. Posso vê-la melhor pelo retrovisor: sem óculos, uma fúria contida nos olhos e na boca, que agora parece apenas um traço pálido no rosto moreno.

Rodamos por uma estradinha asfaltada, folhagens nas laterais e chegamos a outra porteira eletrônica, que se abre quando nos aproximamos. A porteira é cercada por um pequeno bosque e praticamente não se vê nada do lado de fora. Rodamos alguns metros numa pastagem, até pegar uma estradinha que vai dar em outra rodovia, melhor e mais movimentada do que a primeira, e seguimos novamente rumo à cidade. Rosa indica o caminho. Paramos numa loja da locadora, ela sai do carro, fala com um atendente que a conduz até uma porta com placa de gerência. Volta de lá com um sujeito cheio de mesuras, que mostra um carro de passeio bem maior e mais confortável. Ela aparentemente gosta, assina os papéis. Volta ao carro onde estou, pega sua maleta e diz, de novo:

– Vamos.

Seguimos – eu robô, ela nos controles – e paramos na Clínica. Entramos no pátio, Rosa desaparece atrás da porta de vidro e volta, algum tempo depois, com o menino profundamente adormecido nos braços. Ele está com os cabelos raspados e veste outra roupa. "Merda, isso não tem fim, o que essa louca vai querer agora? Isso não tem mais nada a ver com as ordens que recebi."

Viro para ela, que acomodou delicadamente o menino, com a cabeça dele repousando em seu colo:

– Onde vamos deixar o menino? Ele está machucado! Pensou nisso? A polícia vai vasculhar tudo!

Pela primeira vez, ela olha nos meus olhos e diz, com tranquilidade:

– Não, ainda nem foi dada queixa, os pais só vão descobrir à noite. Ele não está machucado, foi uma concussão leve, mas ele não lembra de nada, me chamou de mãe. O médico deu um sonífero leve, para ele não se cansar durante a viagem. Você vai nos deixar num lugar seguro e, depois, o problema não é mais seu.

"Como não é problema meu?"

Perco o controle e começo a falar que aquilo é loucura, que ela não pode ficar com o menino, que tem que pensar na mãe dele, que a polícia vai encontrar algum vestígio, que pode fazer ligação com a carga de cocaína. Não consigo parar de repetir meus pobres argumentos até que Rosa interrompe, o indicador nos lábios pedindo silêncio:

– Não posso largar o menino na cidade, tem gente por tudo. Não posso abandoná-lo num lugar deserto. Nem entrar numa delegacia e dizer que o encontramos.

Volto para a direção e ligo o carro. Ela está sussurrando coisas para o menino, enquanto acaricia seu rosto. Quando saímos, ouço ela dizer, baixinho:

– A primeira vez que entrei aqui para fazer um aborto, tinha dezesseis anos. Foram muitos, tantos que o médico decidiu tirar o meu útero quando eu tinha pouco mais de vinte anos. Esta foi a primeira vez que fiz alguma coisa boa nesta clínica.

Finjo que não ouvi. Sigo as orientações de Rosa e pegamos outra rodovia, bem mais larga e mais bem cuidada, o carro roda bem, agora sou eu que cuido do velocímetro, só me falta um acidente. Duas horas na rodovia e Rosa avisa que vamos entrar numa estrada vicinal a uns 300 metros. Outras duas horas ou mais, vou devagar para evitar sacolejo, por causa do menino. Passamos por uma pequena ponte sobre um riacho de águas claras que correm sobre pedras e paramos numa porteira pintada de branco. Preciso descer para abrir, passar com o carro e descer para fechar. Um pasto bem cuidado, algumas vacas, formações de pedra espalhadas nas elevações.

– Lá de cima, dá para ver as rochas de Vila Velha, é tão bonito, ela fala para o menino adormecido.

Da entrada, não dá para ver a casa grande, cercada por muitas árvores. Estaciono o carro entre as árvores e logo estamos cercados por um ruidoso grupo de guaranis, crianças e adultos, homens e mulheres.

Todos se calam quando o velho sai de dentro da casa. Rosa coloca cuidadosamente a cabeça do menino no assento, pede a chave do carro e sai. Corre em direção ao velho e o abraço é longo e emocionado. Depois, conversam por algum tempo e Rosa volta para pegar o menino. Diz para eu descer também. Estou exausto, não quero entender o que está acontecendo. Acompanho Rosa, ela deita o menino numa cama, num quarto grande e abre a porta de outro menor, com uma cama, uma bacia com suporte e uma jarra de água. Diz apenas:

– Você precisa dormir, amanhã conversamos.

Deito, o lençol é feito de saco alvejado, o travesseiro é de Pernambuco, que está sentado na beira da cama, dedilhando o violão.

– Vida dura, hein, camaradinha!

Sono pesado, sem sonhos, acordo com risos e gritaria de crianças, lavo o rosto na bacia e deixo o quarto. Na sala ensolarada, quase não distingo o menino entre as crianças que rodeiam Rosa, mas quando entro, todas se afastam, menos o menino, que permanece abraçado à cintura dela. As mãos de Rosa estão suavemente apoiadas na cabeça do menino, aconchegada em seu peito, num gesto de proteção. Chama o menino de *mi niño* e ele repete. *Mamá,* ele repete. *Quieres una taza de té?* E ele repete.

Uma das mulheres me serve chá mate e chipá fresquinha. Vou para o carro, ligo o rádio e procuro um noticiário, depois outro e outro. Todos dão grande destaque para o misterioso desaparecimento do menino. A história, contada e recontada pelos repórteres, era simples: como todos os dias, a mãe saiu muito cedo para trabalhar. O pai, vigia noturno, chegava depois que a mãe saía e o menino costumava esperá-lo no ponto do ônibus, com a bicicleta vermelha. Como não estava lá, concluiu que o filho ainda estava dormindo, chegou em casa e também foi dormir. Quando acordou, à tarde, nem procurou pelo menino, que deveria estar na escola, como sempre. E, como sempre, fez uma refeição reforçada e foi para o trabalho. Só quando a mãe chegou, no começo da noite, é que deu pela falta do menino.

Entrevistas com a mãe, com o pai, com os vizinhos, com especialistas. A hipótese mais considerada pela polícia é que o menino tenha se perdido quando foi encontrar o pai no ponto do ônibus e não conseguiu encontrar o caminho de volta. Por isso, as buscas estão concentradas no bairro.

É certo que a polícia também fez um levantamento de acidentes ocorridos na região e procurou nos hospitais. Como não encontrou nada, voltou à hipótese de que o menino estava perdido pelo bairro, com sua bicicleta vermelha.

As emissoras de rádio soltavam avisos gravados, de tempos em tempos: "Quem encontrar um menino vestindo moletom azul e agasalho amarelo, numa bicicleta vermelha, deve entrar imediatamente em contato com o telefone de emergência da Polícia Militar."

Desligo o rádio e volto a casa. Olho ao redor para ver se encontro um aparelho de TV, depois penso que não é uma boa ideia. Preciso é tentar convencer Rosa. A polícia está sem pistas, será fácil deixar o menino num local discreto e seguro, todo mundo está procurando por ele, alguém acabará achando.

A porta do quarto grande está aberta, vejo Rosa e o menino deitados, abraçados, as mãos dela sobre a cabeça do menino, um livro velho, com a capa desbotada e a lombada desfeita, emborcado sobre a coberta. Preciso ir embora desta casa, esquecer que tudo isso aconteceu, montar o Tornado e deixar o Brasil. Para sempre.

Posso esperar um ônibus na rodovia principal e começo a juntar minhas coisas. Uma das mulheres da casa entra no quarto e me entrega a camisa que sujou de graxa, limpa e passada. Rosa não esquece nada.

Nada mesmo. Quando dou os primeiros passos, maleta na mão, ela sai do quarto, fechando a porta com cuidado. A casa está muito quieta, a sala é clara, com janelas amplas.

De onde estou, posso ver o velho de cócoras, observando as águas do riacho. Lembro o dia em que conheci Rosa.

Ela olha com carinho para o velho e diz apenas:
– Meu pai.

Vai até a janela, o velho diz alguma coisa em guarani, ela responde.

– O pai tem saudade das águas que cantavam nas Sete Quedas. E diz que estas cantam um pouquinho. Falei para eles que as águas são as mesmas. Só a música é que muda.

Lembrei do abraço dos dois e pressinto novos imprevistos. Oferece uma cadeira e senta-se na outra. A mesa está coberta por uma toalha xadrez de tecido rústico e, no centro, uma terrina de barro com seixos brancos, de vários tamanhos.

Rosa alisa a toalha, como quem organiza um tabuleiro. Não tem pressa e parece que, desta vez, a conversa vai ser longa:

– Antes de você partir, preciso dizer algumas coisas. Não sobre o menino, isso já está resolvido. Você precisa saber de outras coisas. Primeiro, como você acabou de saber, o Alemão não é meu pai. Estende a mão e escolhe uma pedra, que coloca num canto da parte alisada da toalha.

– O Alemão era o chefe do tráfico na fronteira. Tomou nossas terras, expulsou minha família e ficou comigo e com minha irmã. Eu tinha oito anos.

Como o menino, penso comigo, como eu quando mataram meu pai.

Rosa procura na terrina duas pedras pequenas e as coloca junto à outra.

– O general... – procura uma pedra maior e põe no outro canto. – O general tinha um negócio com o Alemão. Era assim: o Alemão organizava o contrabando que ia para o barracão do outro lado da fronteira, no Brasil. Em troca, o general garantia a passagem segura das drogas do Alemão.

Procura mais uma pedra, de tamanho intermediário e coloca junto do primeiro grupo.

– O Alemão tinha um homem de confiança, o Paraguaio, que foi para Curitiba cuidar da distribuição das drogas e levou junto minha irmã, que já deitava com ele há tempos.

Transfere a pedra média e uma das pequenas para outro canto da toalha e me olha, para ver se eu estou acompanhando a história.

– Quando apareceu outro uso para o barracão, armazenar cimento desviado da hidrelétrica, o general desistiu do contrabando e não precisava mais do Alemão. Para não perder a proteção para a passagem das drogas na fronteira, ele me ofereceu para o general, que tinha muito gosto por meninas novas.

Rosa transfere o seixo pequeno para a casa do general e deixa o Alemão sozinho no canto.

– O acordo entre os dois foi mantido. No começo, o general até se distraiu comigo e deixou os negócios um pouco de lado. Depois, fez o mesmo que o Alemão: passou a me oferecer, por uma, duas noites e até mais, para atrair negócios que lhe interessavam. Chegou a mandar reconstituir meu hímen para oferecer uma virgem guarani para um empreiteiro.

Minha cabeça volta a doer, não sei por que ela está me contando tudo isso, mas é claro que se preparou muito para esse momento.

Volta a remexer os seixos da terrina e escolhe o maior de todos e o coloca bem separado dos outros.

– O Senador não estava envolvido em nada disso. Tinha um bom negócio com a venda de terras, era muito conhecido e respeitado pelos colonos gaúchos que compraram terras na região. Foram os americanos que sugeriram o nome dele para convencer os agricultores a trocar suas terras por outras, na Amazônia. Os americanos estavam em Foz há tempos, desde que começaram os planos da hidrelétrica, eram chamados de consultores. Eles diziam que era preciso fazer os colonos saírem de livre vontade, antes que a notícia da hidrelétrica se espalhasse e o preço da terra começasse a subir. Além disso, quanto menos colonos sobrassem, melhor, para evitar qualquer movimento de resistência à saída compulsória que iria acontecer num futuro não muito distante. O trabalho do Senador era simples: comprar terras baratas na Amazônia e convencer os agricultores que era um bom negócio vender um alqueire aqui pelo preço de mercado e comprar cinco lá, também pelo preço de mercado. Recebia comissão por família transferida. O dinheiro para pagar os agricultores e todas as outras despesas era do Senador. Usou o dinheiro da comissão para acumular terras aqui e lá.

É impressão minha ou Rosa tem olhos mais bondosos para o Senador? Parte dessa história conheço bem, e ela com certeza sabe. Devo ter demonstrado certa irritação, porque ela recomeça de forma mais resumida.

– O Senador sabia que podia ganhar mais e descobriu, em suas viagens em busca de terras na Amazônia, um jeito de conseguir a posse de terras devolutas e passou a vender para os agricultores as terras que conseguiu de graça. Virou um negócio poderoso porque recebia dos agricultores pela venda da terra que não custava nada para ele e ainda ganhava comissão por família que conseguia tirar do Paraná. Até aí, era um negócio muito esperto. O problema é que passava a ser dono, de papel passado, de grandes áreas nos arredores da hidrelétrica e sabia que poderia exigir uma fortuna de indenização. Foi isso que atrapalhou os planos dos americanos e do governo. E também a recusa de muitos colonos em vender as terras, depois de saber, por aqueles que já tinham ido, que a vida lá no norte era muito difícil, que os títulos eram falsos, história que você já conhece.

– O Senador passou a ser um estorvo, mas não poderia ser descartado, sabia demais, tinha documentos. Então encarregaram o general de resolver o assunto. Foi fácil. O general, que estava de transferência, precisava se livrar do negócio de cimento e de mim. O Senador já tinha percebido que seu prestígio com os americanos e com o governo estava em baixa e aceitou a oferta: se livrava do negócio das terras, entrava na negociata do cimento e de, quebra, ganhava uma paraguaia muito experiente.

Rosa transferiu a sua pedra para junto do seixo maior, ao mesmo tempo em que tirou o do general do jogo.

– O Senador se deu bem, transformou o cimento em ouro em pó. Fornecia cimento mais barato para as empreiteiras, que faturavam pelo preço de mercado e, em troca, cobravam menos para construir os hotéis do Senador. Todo mundo saía ganhando. Além disso, em suas viagens pela Amazônia descobriu outro pó que valia ouro e em pouco tempo passou a controlar os negócios da cocaína no Sul. Mudou para Brasília, abriu novos empreendimentos. Eu abria as pernas para os figurões e ele abria novos negócios. Me preparou bem para isso, frequentei escola de dicção, boas maneiras e tenho até um diploma universitário. Era bom para os negócios.

Olho para ela, um dedo pousa sobre a pedra maior, como se pensasse no próximo movimento.

– O Senador construiu um império e começou a andar com outro tipo de gente. Ricos da Europa, gente de sangue azul, como diz ele. Anda com uma milionária italiana, vai se mudar para Mônaco. Quer vender tudo aqui e deixar o tráfico.

Os dedos apertam a pedra e o rosto perdeu a máscara de tranquilidade. Fala mais rápido. Acho que é agora que eu entro na roda.

– O Paraguaio seria o herdeiro natural do negócio porque o Senador odeia os filhos, mas depois que aconteceu a história do Alemão, ele já não tem tanta certeza.

– Que história do Alemão?

– Os negócios dele não iam bem. O Paraguaio, ao contrário, expandiu para o ramo de lixo, autopeças e venda de carros roubados na fronteira. O Alemão achava que tinha direito a parte de tudo, pois foi ele que colocou o Paraguaio em Curitiba. Foi para lá acertar as coisas, os dois discordaram e logo depois o Alemão morreu queimado, quando o carro explodiu, perto daquela ponte onde joguei a almofada. Só foi reconhecido pela

Cruz de Ferro que sempre carregava com ele. Ganhou do avô que era oficial da SS.

Rosa está mais calma, a história do Alemão dá tempo para ela pensar no que vai dizer a seguir, mas parece se lembrar de outro assunto:

– Foi só depois da morte do Alemão que juntei coragem para procurar minha família. Viviam num barraco de beira de estrada, vendendo artesanato. Minha mãe já tinha morrido. Consegui comprar esse lugar, fazer uma casa boa e trazer todos para cá. Mas ninguém, fora você, sabe que eles estão aqui.

Aviso dado, volta às explicações.

– Mesmo assim, o Senador resolveu mandar a droga para o Paraguaio. E pediu para eu trazer, quer dizer, para nós trazermos. Foi ele que organizou tudo, depois de me explicar seus novos planos. Disse que o dinheiro da droga era meu, para eu recomeçar de novo. "Sem mágoas", ele disse.

Nesse ponto, resolve reorganizar seu tabuleiro. Joga o Alemão de volta à terrina, afasta o Senador, como já havia feito com o general. Sobram três seixos: o Paraguaio, a irmã e ela mesma. Não mexe em mais nada e continua:

– Quando chegamos lá, o Paraguaio disse que eu não ia receber dinheiro algum, que o Senador considerava essa carga um teste. Ofereceu apenas o carro para eu voltar. Desconfiei da gentileza e foi por isso que decidi trocar de carro, podia explodir como o do Alemão. Será que esse era o combinado entre o Paraguaio e o Senador?

Fez a pergunta olhando firme nos meus olhos, observando atenta minhas reações. É bobagem, o Senador sabe que não pode me dispensar, mas talvez Rosa não saiba disso. Ou está fazendo um *double cross* entre mim e o Senador e armou a viagem para deixar o Senador desconfiado? Ou o Senador quis se assegurar de que eu não fiz qualquer ligação sobre a morte de Pernambuco e continuava fiel a ele? Uma coisa é certa: Rosa quer me colocar contra o Senador e me deixar com medo. Só não sei o porquê, pressinto que logo ela dirá o motivo. Ela não me olha mais e sim para o tabuleiro. Pega a pedra pequena – a dela –, que ainda estava no canto do Senador, analisa o cenário e a coloca no lugar antes ocupado pelo Alemão. E vai direto ao assunto:

– Mesmo que o Paraguaio pagasse pela droga, seria pouco dinheiro.

Não digo nada, nem sei quanto valem duzentos quilos de cocaína. Não importa, ela não quer minha opinião:

– Tenho direito a uma parte da fortuna do Senador.

Tira do bolso um papel onde estão escritos, em algarismos grandes, bem desenhados em tinta preta, um valor em dólar e o número de uma conta num banco do Paraguai. O valor em dólar é quebrado, não associo com nada e pergunto de onde vem aquele número.

– É o valor da pensão que paga para a mulher, multiplicado pelo tempo que fiquei com ele. O Senador não vai me dar esse dinheiro, mas você pode tirar dele e passar para mim.

Enquanto fala, alisa seu tabuleiro e deixa as pedras bem arrumadas. Procura na terrina um seixo muito pequeno e põe ao lado do dela. E me encara, aguardando uma resposta. Então ela sabe que sou eu que movimento o dinheiro do Senador! Será que armou tudo para chegar neste ponto ou decidiu só agora, que me tem na mão, por causa do acidente com o menino? Melhor ficar quieto. Digo que vou ver o que posso fazer e que preciso ir. Rosa me entrega as chaves do carro, diz para deixá-lo na locadora em Foz e entra no quarto onde o menino está dormindo. Sem despedidas.

Não me lembro como cheguei à rodovia, meu cérebro mergulhado na lama e na sujeira do mundo em que vivi, depois o asfalto se transforma no tabuleiro de toalha xadrez, o carro passa raspando entre o general e o Senador, as duas meninas num canto, uma roda amassa a Cruz de Ferro do Alemão, o Paraguaio me espreita pelo retrovisor. Não tenho uma casa no jogo de Rosa, mas passei por todas elas.

Aos poucos, volto à estrada, começo a pensar e uma ideia ganha força. Com Pernambuco morto e Rosa fora do páreo, o Senador deve estar se sentindo seguro e tenho tempo para organizar o Tornado. Muito tempo. Decido esperar o resultado das eleições para reduzir ao mínimo a instabilidade do Senador. Preciso convencê-lo a comprar novos equipamentos, desculpa para viajar porque tenho que montar o Tornado em San José, é mais seguro.

Logo descarto a ideia, sei que é só uma desculpa para passar uma última noite nos braços de Ângela, com sotaque de Grace Kelly, cheiro de vinho e perfume barato e histórias de assombração. Uma única noite nos braços de uma mulher de verdade. Esquecer Rosa. Esquecer tudo.

FITA 10 / 10º DIA

É meu último dia. Preciso ficar atento para não esquecer nada. Contar tudinho, como o menino pediu. Não sei se consegui, *mi niño,* se faltou alguma coisa, peço desculpas, é minha cabeça que está falhando.

Cheguei tarde da noite ao hotel, a viagem foi longa, dirigindo como bêbado, a cabeça latejando. Ainda tive que deixar o carro na locadora do aeroporto porque as outras lojas da empresa já estavam fechadas.

Entro no hotel pela porta principal, o moço da recepção me pergunta como foi a viagem – três dias, hein? Olho para ele, surpreso, aceno a cabeça, pensando que não foram três dias. Foi uma vida inteira.

Ligo a TV assim que chego na suíte, o noticiário da noite dá muito espaço para o desaparecimento do menino, investigando o assunto por dois novos ângulos: tráfico de crianças e tráfico de órgãos. Relembra histórias antigas ocorridas aqui e em outros países. O noticiário termina com uma bicicleta vermelha, nova, mas igualzinha à do menino, e um apelo para quem tiver informações.

É tarde, preciso descansar, tomo três comprimidos para dor de cabeça e acabo adormecendo. Acordo cedo, ansioso para definir minha estratégia. Penso em tudo o que aconteceu e tomo uma decisão. Vou atacar em duas frentes: passar o fundo que deixei para a pensão da família do Senador para Rosa e distribuir o resto do dinheiro para as instituições que eu selecionar. Faltam sete dias para o próximo depósito da pensão da ex-mulher do Senador. Pouco tempo para montar o Tornado, mas tenho que dar conta. É preciso cronometrar cada movimento porque tudo tem que acontecer ao mesmo tempo.

Antes de começar a trabalhar, resolvo marcar uma consulta numa clínica neurológica perto do hotel. Preciso de remédios mais fortes para essa dor de cabeça. Só daqui a oito dias, diz a moça. Marco assim mesmo e começo a colocar meu plano em execução.

Primeiro, preciso reduzir ao mínimo as aplicações na bolsa, sem despertar suspeitas dos coleguinhas corretores porque sei que todo mundo presta muita atenção nas minhas decisões. Deixo algumas aplicações seguras – essas o delegado pode pegar – e elimino as aventureiras. Passo o restante do dinheiro para os fundos de longo prazo depositados em diferentes bancos e diferentes contas com diferentes nomes, em vários países.

Para mexer nesses fundos, também preciso ser cauteloso porque qualquer banco fica nervoso quando percebem retiradas grandes e agora que o Senador anda em altas rodas europeias, a notícia pode chegar até ele.

O problema é que tenho que fazer isso 24 horas antes de disparar o Tornado. É o tempo que os bancos pedem para liberar grandes quantias.

Passo horas pensando num jeito e acabo encontrando. Divido o valor de cada fundo em duas partes. Deixo uma – fica para o delegado – e coloco o restante em diferentes aplicações menores, de curto prazo. Como não há nenhuma saída de dinheiro do banco, não há sinal de alerta. Para cada uma dessas aplicações menores crio um gatilho, fácil de acionar, para o dinheiro ser imediatamente transferido para onde eu determinar. Não poderei fazer isso manualmente, o tempo é muito curto. Preciso montar um programa e gasto horas preciosas.

Também preciso tirar todas as armadilhas e sistemas de segurança para facilitar a vida do delegado.

Segundo passo, vincular os fundos às instituições para quem quero deixar o dinheiro. Há anos pesquiso e faço doações pequenas para um grupo grande de associações, ONGs e fundações dedicadas a assuntos que me interessam. Tenho uma lista de mais de cem, do mundo inteiro, com as contas já identificadas e mecanismos de doação bem resolvidos. Agora, tenho que acrescentar mais algumas e este é o terceiro passo.

Procuro, sem pressa, todas as que têm alguma afinidade com Pernambuco, agricultores sem-terra, grupos de esquerda, memórias da ditadura, partidos comunistas, violeiros, combate a trabalho infantil, trabalhadores rurais, meninos de rua, clínicas populares, presídios. Depois, instituições dedicadas a temas que o Senador odeia, que em muitos casos são aqueles que têm afinidade com Pernambuco, mas acrescento ainda organizações de proteção às florestas, índios em geral, povo guarani. VV é Vermelho e Verde, Senador. A lista cresce muito e olhando todos esses nomes, finalidades, missões e projetos, chego a pensar que existem duas redondezas da Terra, mundos paralelos, um tentando arrumar o que o outro estraga. Penso em doar apenas para organizações estrangeiras, onde o sistema é mais simples e eficiente, mas Pernambuco não gostaria disso. Então faço um teste com as daqui mesmo, com doações pequenas, e seleciono as que dão certo.

Depois, decido procurar quem se dedica à busca de crianças desaparecidas ou denuncia tráfico de órgãos. Encontro várias e também uma conta aberta para ajudar a encontrar o menino. Incluo tudo na lista.

Já se passaram quatro dias, ainda preciso vincular dezenas de contas aos fundos e checar todos os pontos do programa. Dentro de três dias, às seis da tarde, tenho que ter tudo pronto. É a hora em que normalmente faço o pagamento da pensão. Quando cancelar o envio, passo todo o dinheiro do fundo que criei para isso para a conta que Rosa escreveu no papel. O valor é um pouco maior, mas é mais simples transferir tudo. Aí o Tornado começa.

Chegou o dia D. Estou nervoso, a dor de cabeça é quase insuportável. Checo mil vezes cada passo para encontrar erros, está tudo perfeito. Seis da tarde, tudo certo, cancelo o envio do depósito para a ex-mulher do Senador e ponho o Tornado para rodar. Deixo as máquinas trabalhando, desço a escadinha e fecho a porta. Pronto, Pernambuco!

Vou ligar a TV, o telefone toca, me assusto com a voz do Senador:

— Que porra é essa de bicicleta vermelha?

— Como, Senador?

— Você não olha seus e-mails? Mandei a mensagem ainda agora, veja logo e me diga o que é isso.

Todos os computadores estão ocupados, não posso interromper nada, a conexão do   demora, o Senador berrando no telefone, lista de palavrões intermináveis, uma novidade. Finalmente abro o e-mail e aparece a bicicleta do menino, sem dúvida nenhuma é a bicicleta do menino. O Paraguaio é mesmo perigoso.

— Não sei do que se trata, Senador.

— Recebi isso sem nenhuma palavra, mas estou certo de que o senhor ou aquela cadela têm uma explicação para me dar. Pego o primeiro voo amanhã.

O Senador está mentindo e com medo. Ele sabe que foi o Paraguaio quem mandou a foto, ou seja, ele sabe que o Paraguaio está com a bicicleta e que o desaparecimento do menino tem a ver com a viagem. Como não acho que Rosa tenha dito qualquer coisa sobre o acidente, chego à conclusão de que havia câmaras de vigilância também no caminho do ferro-velho, alguém avisou que paramos, foram investigar naquele ponto, acharam a bicicleta, ligaram com o desaparecimento do menino. Só pode ser isso.

Desde que coloquei o Tornado para rodar, estou muito calmo. A vinda do Senador não me preocupa. Chego a imaginar a conversa que vamos ter. Ele vai falar da bicicleta vermelha e eu vou perguntar do Violeiro Vermelho.

— E aí, Senador, como ficamos?

Decido ir à consulta marcada para bem cedo, no dia seguinte. Pego uma cerveja do frigobar, coisa que raramente faço, sento no sofá confortável diante da TV e assisto a um filme sobre animais predadores. Estou sem dormir há dias, cochilo no sofá e o pai, do meu lado, diz:

— Suçu, cada bicho tem o seu matador, uma hora chega a vez do gavião.

Acordo cedo, verifico os computadores, deu tudo certo, só a contribuição para ajudar a encontrar o menino voltou, burrice minha, não converti a moeda. Não importa, depois do médico passo no banco e resolvo. Apago tudo que há nos equipamentos, desço a escada, tranco a porta. Tudo o que preciso está guardado no meu celular. *Game over*, Senador.

Não tenho planos, só sei que depois da clínica vou passar no banco e na farmácia. Compro uma passagem para fora do país? Ainda não sei. Primeiro, volto para o hotel para encontrar o Senador. Aí, decido.

Saio pelo elevador interno e vou a pé, a clínica é perto. Chego antes da hora marcada, mas a sala já está cheia de pessoas tristes, esperando atendimento. Sou o primeiro a ser chamado, alguns protestam e a recepcionista explica que "é particular". A vida como ela é, minha gente.

O doutor é detalhista, faz perguntas, apalpa, ausculta. Respondo com monossílabos. Fuma? Não. Ele não precisa saber que desisti porque nos Estados Unidos era uma chatice só com fumantes. Pede para eu ficar em pé e andar. Alguma dor nos braços? Sim, depois de três dias dirigindo e sete com o mouse na mão, sem parar... Sentiu tontura e enjoo nos últimos dias? Sim. Ah, doutor, meus últimos dias deixariam qualquer um tonto e enjoado... Assim vai, respondo com sim e não e completo a frase para mim mesmo. Faz exame de fundo de olho. Parece preocupado.

– Gostaria que o senhor fizesse uma tomografia agora, preciso tirar algumas dúvidas.

Concordo, até gosto da ideia de deixar o Senador esperando.

Enquanto a enfermeira firma minha cabeça e liga os equipamentos, fico imaginando se a máquina vai detectar minhas bolhas de memória, se pode ler o que está em cada uma delas. Uma voz que sai de dentro da máquina pede delicadamente para eu não mexer a cabeça, deixo de lado essas ideias e me aquieto.

Depois que o exame termina, a enfermeira pede para eu esperar na sala de consultas. O médico volta com uma série de imagens na mão e coloca uma ao lado da outra num painel iluminado. Aponta para um ponto pequeno, mas bem visível, presente em quase todas as imagens e diz, sem hesitação:

— O senhor tem um tumor no cérebro, faremos mais alguns exames antes de começar a quimioterapia.

A única resposta que me ocorre é:

— Agora não tenho tempo, o senhor pode me receitar algum medicamento para a dor de cabeça?

O médico assente, deve estar acostumado com reações escapistas, como dizem, escreve uma receita em três vias e me entrega, com uma recomendação:

— Na saída, marque uma nova consulta para breve.

Saio da clínica, passo na farmácia, compro o medicamento, peço um copo d'água e tomo um comprimido. Tarja preta bendito, cinco minutos depois estou livre da dor, tranquilo e um tanto eufórico. Vou ao banco, tiro dinheiro da minha conta, faço o depósito sem identificação na conta de ajuda às buscas ao menino. Passo numa agência de viagem, imagino um destino, lembro que Pernambuco disse, uma vez, que gostaria de conhecer o Egito, por causa das pirâmides, e compro uma passagem para o Cairo. Só de ida? Sim.

Entro no hotel pela entrada principal e o gerente corre ao meu encontro, visivelmente nervoso. Vai dizer que o Senador está me esperando faz horas. Mas não:

– Senhor Suçuarana, que tragédia!

Fico imaginando se a notícia do tumor correu tão depressa, mas não deve ser isso, pela aflição dele. Aponta para a TV:

– Deu em edição extraordinária, o Senador foi assassinado! Os filhos dele estiveram aqui à sua procura, deixamos que subissem, numa hora dessas, o senhor entende. Eles desistiram de esperar, não queriam deixar só a pobre viúva.

Bendito remédio, consigo segurar o "Já?" que estava pronto para sair da minha boca, manter a calma e demonstrar meu pesar. Tento me livrar rapidamente do gerente, preciso subir para ver o que aconteceu no escritório, mas ele segura a porta do elevador:

– Mais uma coisa, senhor, o seu carro chegou da revisão, ficou estacionado aí na frente e os filhos do Senador pediram para usá-lo porque precisavam ir ao aeroporto para receber alguns parentes do falecido que estão chegando e esperar o corpo do pai. Numa hora dessas, o senhor entende, não se pode negar...

Finalmente o elevador começa a subir, não lembro de ter mandado o carro para a revisão, que história é essa? E os dois queriam dificultar meus movimentos e levaram o carro?

Uma coisa por vez. Na suíte, como imaginei, estava tudo virado. Nenhuma gaveta, nenhum armário deixou de ser vasculhado. Acharam a porta para o salão, os computadores estão todos no chão, quebrados. Raiva de gente ignorante. Não encontraram nada, mataram o mensageiro.

Eles estão atrás de mim porque querem a grana do Senador – se mataram o homem pela pensão, imagine o que não são capazes de fazer comigo. Não tinha considerado esta possibilidade, preciso pensar, mas o remédio eliminou a sensação de urgência. A revisão do carro não me sai da cabeça, mas não consigo entender. Melhor é sair daqui. A porta dentro do closet está intacta, desço pelo elevador até o pátio interno e saio meio sem rumo. Pegar um táxi para o aeroporto não é uma alternativa, nem para Ciudad del Leste. Passo numa locadora, alugo um carro e resolvo subir em direção a Guaíra, lugar improvável para qualquer coisa. Ligo o rádio, detalhes da morte do Senador ocupam o noticiário em todas as emissoras. Assassinado com dois tiros, por motoqueiros, quando se dirigia ao aeroporto de Brasília. Estava com viagem marcada para Foz do Iguaçu. Vinha com ele o gerente de TI da empresa. Todos lamentam a morte do grande empresário, até a Presidência da República divulgou nota de pesar, prometendo investigações rigorosas. A polícia ainda não tem pistas.

Procuro outra emissora e o locutor fala, em voz pomposa: "interrompemos nossa programação para uma notícia de última hora!" Estão atrasados, porra! Estou prestes a mudar de estação, mas paro quando o repórter começa a dar a notícia e paro o carro também:

– Explosão em depósito de ferro velho na Região Metropolitana de Curitiba: até agora dois corpos foram identificados, o do proprietário do estabelecimento, conhecido como Paraguaio, e o de sua mulher.

Rosa! Deve ter recebido a mensagem da bicicleta e decidiu cortar o mal pela raiz. O repórter continua:

– Além de destruir as oficinas do depósito, a explosão atingiu parcialmente a luxuosa casa do empresário, onde o casal se encontrava. A polícia confirmou ter encontrado na casa grande quantidade de cocaína, o que leva a crer que se trata de um ajuste de contas entre traficantes. Até agora, não foram localizados os registros das câmaras de segurança nem os computadores da empresa.

Foram os homens do Senador! A ordem era não deixar vestígio e criar uma pista falsa, deixando a cocaína bem à vista. Mas, se a ordem era esta, Rosa e o Menino também tinham que desaparecer.

Meu cérebro está começando a funcionar: será que o Senador sabia para onde ela foi? Nem eu sei! Aí me lembro da mão morena segurando o seixo branco, escolhendo seu lugar no tabuleiro e colocando finalmente a pedra na casa do Alemão. Sei onde ela está, voltou para as terras da família, com o menino. Mantenho o rádio ligado, notícias e mais notícias, o Senador será sepultado em Cascavel, ao lado da mãe. O corpo chegará no aeroporto da cidade no final da tarde. Será que os filhos vão manter as aparências ou continuam atrás de mim, com o meu carro? Que porra é essa de revisão?

A dor de cabeça volta, tomo mais dois comprimidos e a vida fica descomplicada. Decido voltar e atravessar a ponte, os irmãos não devem estar por lá, estão no aeroporto, acham que vou embarcar para algum lugar. É isso. Atravesso sem problemas e sigo o mapa que ainda tenho de cabeça, para chegar a Ita Enramada e daí, à fazenda.

A estradinha de terra continua igual e vejo, de longe, um carro vindo no sentido contrário. Estou numa curva, saio da estrada e fico escondido atrás de uma moita. O carro passa por mim – vermelho, modelo comum no Brasil, com placa do Paraguai – e mais adiante entra na rodovia principal. O motorista, que não lembrava ninguém que conheço, não parece ter pressa. Espero um pouco, volto para a estradinha e dirijo tão rápido quanto posso até a fazenda.

O mesmo lugar, mas muito malcuidado. A sebe cobre um lado inteiro da casa. Silêncio. Entrei pelos fundos. Aparentemente Rosa está preparando as malas para viajar, as roupas estão espalhadas, brinquedos, documentos. Ando pelos quartos, o cenário é o mesmo, não é preparação de viagem, alguém revirou a casa. Abro a porta da frente e encontro os dois na varanda. Estão deitados na rede, dormindo daquele mesmo jeito, o menino agarrado à cintura de Rosa, as mãos dela sobre a cabeça dele, livro emborcado no chão. Me aproximo e olho melhor: uma bala, uma bala só, atravessou as mãos de Rosa, a cabeça do menino e chegou ao coração dela. Pouco sangue, os olhos de Rosa, bem abertos, já estão opacos, vazios; os do menino, fechados. Serviço profissional, uma bala. Demoro a entender que estão mortos. Procuro uma explicação, tento armar o quebra-cabeça no meu cérebro amortecido. O Senador mandou alguém para tirar informações do Paraguaio e da mulher sobre a bicicleta. Depois que falaram o que o sujeito queria, ele matou os dois, largou a cocaína, explodiu tudo e foi atrás de Rosa. Quase certo que a irmã dela sabia onde estavam, mas nem voando daria tempo de chegar...

É de repente que o choro vem. Com tanta força que meu coração parece que vai explodir. O corpo inteiro sacudido por soluços fortes, choro alto naquele lugar deserto, todas as bolhas de lembranças explodem no cérebro que se transforma numa chaga de sofrimento, choro por meu pai, por Pernambuco, por Rosa e o menino, pela moça torturada jogada no catre, por Ceiça e pelas meninas. Choro de raiva e de medo, choro pela solidão e abandono de toda a minha vida. Choro por tudo que poderia ter feito e não fiz. Pela minha presunção de invencibilidade, pelo meu orgulho. Choro e soluço enquanto procuro uma pá e vou até o canto da sebe onde vi Rosa pela primeira vez. O remanso ainda está lá e, do lado, uma área mais alta e seca, coberta de seixos brancos.

Choro e soluço enquanto retiro as pedras e cavo, preciso colocar Rosa junto com o menino, num lugar que ela gosta, é isso que ela iria querer, é assim que ficaram as pedras no tabuleiro. Daqui, ela poderá falar com os peixes, ouvir a água cantar e contar histórias para o menino. Agora, ela poderá fazer tudo. Deveria ter feito assim com meu pai, com Pernambuco. Choro mais ainda, lembro, cavo e choro. Quando o buraco está bem fundo, assento sobre ele uma lona preta. Envolvo os dois na rede, que é grande, coloco a rede sobre outra lona e puxo até a sebe. Tenho que tomar muito cuidado para não desmanchar aquele abraço. Ninguém pode separá-los. Nem a morte. Consigo depositar os corpos na cova, olho mais uma vez, a última vez para os dois, passo a mão sobre o rosto de Rosa para fechar seus olhos, ela não precisa ver o que vai acontecer agora. Fecho a rede, fecho a lona e jogo a terra que tirei. Recoloco as pedras por cima, escolho dois seixos, um maior e um menor, coloco no bolso. Limpo a pá e guardo no lugar de onde tirei. Ninguém vai encontrá-los aí.

Já não choro e não sinto mais nada. Minhas mãos estão sujas, vou até o rio, a água fria no meu rosto refresca e acalma. Deito no gramado e fico olhando para o céu.

Preciso sair daqui antes que anoiteça. Paro em Ciudad del Leste, compro roupas limpas, um terno bem talhado, sapatos novos, preciso me apresentar bem. Não tenho dor de cabeça, penso que o tumor bem poderia ser uma de minhas bolhas. Decido parar num hotel para trocar de roupa e beber alguma coisa, tenho muita sede. Passo um tempo no quarto memorizando os números que posso precisar e depois apago todos. Deixo apenas o registro das ligações recebidas e o número do delegado, que guardo há tempo. Então desço para o saguão. No balcão do bar, peço uma água e o atendente resolve puxar conversa:

– Que dia, hein?

Olho para ele sem saber a que se refere e o rapaz se anima:

– Não está sabendo? Um carro atravessou a ponte sem parar para a fiscalização, a polícia brasileira saiu em perseguição. Cercou o sujeito num barracão, no meio do mato. O motorista reagiu e a polícia matou o cara ali mesmo.

Finjo interesse, a história do barracão me diz alguma coisa. Pergunto como era o carro:

— Modelo brasileiro, comum, vermelho, com placa do Paraguai.

Era o carro que vi na estrada, vindo da fazenda. Devia estar tudo acertado para atravessar a fronteira e fazer outro serviço, mas alguma coisa deu errada. Aí se escondeu no barracão do Senador! Essa era a parte fácil da charada. A polícia só não vai fazer a ligação entre os dois se não quiser, mas só vai saber o que o sujeito fez se eu disser... Outra ideia atravessa meu cérebro: eu sou o elo perdido de tudo isso. O outro serviço do matador era me matar. Depois que eu passasse todas as informações dos investimentos para o gerente de TI da empresa, é claro, mas matador que cumpre ordens de morto não tem mesmo serventia.

Estou tão concentrado em resolver a charada que mal percebo o empenho do atendente em contar mais novidades:

— E o acidente com os filhos do Senador, o senhor também não soube? Iam para o aeroporto receber o corpo do pai, o carro se desgovernou bateu de frente com um ônibus. Os dois morreram na hora. Tem um boato por aí de que o carro foi sabotado, a barra da direção estava com muita folga...Que família, não?

Não respondo, termino de beber a água e me despeço do rapaz. O Senador era mesmo muito esperto, queria ter a certeza de que iam me pegar de um jeito ou de outro. Pego o caminho do aeroporto e, quando chego, ligo para o delegado:

– Sou José Suçuarana e espero o senhor no desembarque do aeroporto de Foz do Iguaçu.

– Estou a caminho.

O telefone é de Brasília, me preparo para esperar muito. Compro uma garrafinha de água e tomo mais dois comprimidos, nem sei quantos poderia tomar e quantos já tomei, só quero estar tranquilo quando o delegado chegar. Pernambuco talvez não aprovasse minha decisão, mas faz parte do Tornado, se lembra da promessa, Pernambuco, uma moeda? O homem já está morto? Não acredite nisso, Pernambuco, assim você parece meu pai. Gavião nunca desaparece, morre um, nasce outro.

O remédio teve efeito contrário, estou cada vez mais atordoado e sem forças. Não vai ser fácil conversar com o delegado neste estado.

Não sei quanto tempo demorou, mas identifiquei os policiais na hora em que saíram do portão de desembarque. Reconheci logo o "meu" delegado, apesar de ser muito mais jovem do que eu esperava; o outro, mais velho, tinha aquele ar de quem ganhou na loteria, parecido com o do general. Para aquele sujeito, não tinha nada a dizer, ainda mais com a tontura tomando conta e a dificuldade de organizar as coisas na minha cabeça. Sem as bolhas, eu era apenas uma pessoa absolutamente infeliz.

É o delegado mais jovem que fala comigo e vai direto ao assunto:

— O senhor está armado?

— Não.

— Pode me passar o que tem nos bolsos?

Separa uma divisória da pasta que carrega. Entrego os documentos, tenho dificuldade de ficar em pé, me despeço do remédio.

— O senhor está doente? Tem a receita? — pergunta o delegado enquanto olha o rótulo e a receita que guardei por acaso.

— O senhor consumiu bem mais do que deveria para um dia, não?

— Muita dor, respondi com esforço — a tontura é insustentável, estou afundando dentro do tornado que gira na minha cabeça, mas o delegado continua — Algo mais? Entrego os dois seixos que peguei lá onde deixei Rosa.

— O que significa isso, Suçuarana?

— Lembranças, só isso.

O delegado olha bem os seixos e, não sei por que, me devolve.

Entrego o passaporte e a passagem. A última coisa de que me lembro, antes de desmaiar, foi a pergunta dele e minha resposta:

— Cairo? O que há no Egito, Suçuarana?

— Pirâmides, delegado.

EPÍLOGO

Suçuarana morreu logo depois de terminar sua última gravação. Waldemar ligou, aos prantos, dizendo que se afastou por um instante, para despachar a fita, e quando voltou "Suçu estava morto, o rosto tranquilo, segurando na mão as duas pedrinhas que sempre tinha com ele". A cerimônia de cremação – vontade expressa e registrada de Suçu, segundo Waldemar –, será na manhã seguinte, bem cedo. "Acho que ele gostaria que a senhora estivesse lá".

Durante esses dez dias, estabeleci uma intimidade singular com Suçuarana. Ouvi suas músicas, vi seus filmes, reli trechos de Steinbeck, também torci por Redford contra Kingsley.

É verdade que conferi o que foi possível, hábito de jornalista das antigas.

Sim, Suçuarana era quase uma lenda nas universidades do Vale do Silício.

Sim, ainda existe a placa do "BLUE HAIR CABELO'S", que agora é só salão de beleza.

Sim, existe um bar em Nova York onde o músico brasileiro anota na parede quantas músicas do Brasil já apresentou.

Sim, houve um menino e sua bicicleta vermelha, que desapareceu e nunca mais foi encontrado.

Sim, houve um militante comunista chamado Aparício Alves que foi assassinado e teve as mãos decepadas.

Sim, Alícia está viva graças a um telefone de um soldado de bom coração.

Sim, houve muitos generais.

Não, não encontrei nada sobre Rosa.

Da grande trama, sei apenas o que li nos jornais.

Sobre a explosão no depósito de ferro-velho, a conclusão oficial e inconclusiva é que foi mesmo um ajuste de contas entre traficantes. As fitas das câmaras de segurança e os computadores nunca foram encontrados. A investigação foi encerrada.

O episódio do carro com placa do Paraguai, que resultou na morte do motorista nunca foi completamente esclarecido. O motorista não foi identificado e ninguém soube explicar como foi parar no velho depósito. A foto do local mostrava, ao lado do barracão, uma velha peroba, poupada por acaso. Não foram divulgadas informações sobre o proprietário da área.

A morte dos filhos do Senador foi considerada "um lamentável acidente, provavelmente provocado pelo nervosismo dos rapazes diante da morte do pai". Os boatos sobre sabotagem no veículo foram totalmente descartados, pois "o carro pertencia a pessoa de inteira confiança do Senador e tinha voltado naquele dia mesmo de uma revisão completa."

Nos primeiros dias, a notícia da morte do Senador e de seus filhos ocupou largos espaços, grande tragédia sempre tem tratamento especial. Depois, as notícias diminuíram e mudaram de rumo. A Polícia Federal e a Receita estavam investigando a EPNS. Dois meses depois, vazou para a Internet e depois foi publicada pela imprensa uma longa lista de investidores que aplicavam seu dinheiro na empresa do Senador. Dinheiro sujo, de todo tipo de contravenção, de sonegação a superfaturamento, de propina a suborno, de agiotagem a desvio de verbas públicas, de tráfico a jogatina, envolvendo figurões e ex-figurões, ministros, militares, secretários, políticos em geral, policiais e empresários que precisavam camuflar receitas e ainda ganhar dinheiro com isso.

Essas informações foram veementemente negadas em todas as instâncias. Nada como o Senador morto para culpar.

Um mês depois, quando a polícia divulgou a prisão de Suçuarana, aproveitaram para colocar parte da culpa nele: "Gênio da informática a serviço do crime". De minha parte, acho que Suçuarana não sabia disso. Acreditava que o dinheiro vinha mesmo dos negócios do Senador e mal sabia que ele não era apenas a lavanderia do dinheiro de drogas, como ficou sabendo pelas histórias de Rosa. Era a lavanderia de dinheiro sujo de todo o país. Mais ainda, acho que, se não tivesse dado tudo errado, o Senador estava mesmo se preparando para ampliar seus negócios para o *jet set* europeu.

As notícias da época falavam da EPNS, mas não citavam outros nomes que não o do Senador. Tampouco havia qualquer referência ao Tornado. Meses depois, começaram a surgir notícias de ações contra o espólio da EPNS, reclamando a devolução de investimentos, com muita gente vestindo a carapuça veementemente negada pouco antes. O mais estranho era a falta de informações sobre o espólio. Nenhuma das matérias que li respondia a uma pergunta básica: onde estava, afinal, a fortuna do Senador?

Bem, como disse antes, estabeleci uma intimidade singular com Suçuarana. Às vezes, ele me parecia um mapa falado desse Brasil das maravilhas. Outras, um mestre do imaginário movido a morfina. Nesse universo, não há o que conferir. É território único e intransferível de Suçuarana e suas bolhas de memória.

Por tudo isso, decidi ir à cerimônia de cremação. Clima agradável, saí cedo de casa e fui caminhando, pensando em detalhes da história. Na frente da Central de Cremação, uma viatura policial e um carro da Policia Federal. Boa companhia para Suçuarana – e para mim – pensei, enquanto entrava.

Um salão que procura disfarçar sua finalidade com uma decoração leve e neutra. Fileiras de cadeiras confortáveis, dispostas em semicírculo, luz difusa no teto e paredes em cores suaves. Próximo à parede do fundo, num caixão fechado, colocado sobre uma esteira, repousa Suçuarana. *Let me rest today*, ele pedia em sua reza diária com a música de Billie Holliday. Agora está descansando, solitário como todos os mortos. Escolho uma cadeira no fundo do salão e olho em volta.

Num canto, Waldemar chora copiosamente. Os dois guardas do presídio, que o acompanham, mantêm certa distância, talvez constrangidos com a explosão emocional do enfermeiro detento. Serão eles os guardas que acompanhavam Suçuarana pelo Pavilhão dos Esquecidos?

No outro canto, está o delegado, com sua indefectível pasta. Levanta assim que me vê, faz um gesto formal com a cabeça e se aproxima, pedindo licença para sentar-se ao meu lado. Abre a pasta, acho muito descortês tratar de seus assuntos agora, mas não digo nada. Ele tem os ombros ligeiramente curvados para a frente, pede licença novamente, tira um maço de papéis – muitas folhas, umas trezentas, calculo –, entrega-o para mim e pergunta:

– Suçuarana falou sobre isso?

Olho por cima as folhas, são comprovantes de depósitos para organizações sem fins lucrativos. Vejo uma doação polpuda para uma organização ambientalista, outra para pesquisas sobre software livre e uma terceira para criação de clínicas populares. Folheio mais, paro casualmente numa ou outra e é assim que encontro a Fundação Rosa Guarani, para qual foi feita uma doação enorme. Será esse o dinheiro que depositou para ela? Pela amostra que vi, posso imaginar o restante e a dificuldade que a polícia está encontrando para estabelecer alguma lógica que leve ao sumiço do dinheiro do Senador. Eh, Suçuarana, pena que "tu não volta nunca mais". Fez uma distribuição de renda de dar inveja. Imagina só a grana do agronegócio financiando organizações ambientalistas, o lobby do TI pagando pesquisas em software livre, o empreiteiro ganancioso construindo clínicas populares, os latifundiários promovendo assentamentos e por aí afora. Pena mesmo.

O delegado repete a pergunta e respondo a verdade:

– Falou diversas vezes, mas sem detalhes.

– Disse quantas eram?

– Não, exatamente, não.

– Disse por quanto tempo fez isso?

– Acho que uma vez só.

Então era isso. As contas do Senador estão a zero e a polícia acha que Suçuarana programou várias retiradas para cada organização. Será que ele fez isso? Pela história que contou, não teve tempo para rodar o Tornado mais de uma vez. E também deixou claro que deixaria uma parte do dinheiro nas contas, facilitando o acesso ao delegado. Será que alguém chegou antes dele? Gavião nunca desaparece, morre um, nasce outro, dizia Suçuarana. Será?

O delegado percebe que pensei em alguma coisa e insiste:

— Não há nada que você saiba que possa indicar para onde foi todo o dinheiro?

Suçuarana queria que o delegado encontrasse o dinheiro. Ficou mais de seis meses preso, então por que não falou? Repito a pergunta em voz alta, para o delegado.

— De fato, ele me deu todas as informações, mas levamos algum tempo para cumprir os trâmites burocráticos internos e externos e agora que temos todas as autorizações, só encontramos contas encerradas.

— Ele deixou as contas abertas, delegado, sem salvaguarda alguma, para facilitar as coisas para o senhor...

O delegado fica pálido, entende rapidamente o que aconteceu. Para Suçuarana, a perseguição do delegado era só um jogo — acho mesmo que tudo era só um jogo para ele — e cedeu elegantemente uma meia vitória ao adversário na hora em que iniciou o Tornado. Imaginou que o delegado simplesmente entraria nas contas e pegaria o dinheiro. Ignorou as formalidades ou apostou na desonestidade. Errou feio e acabou entregando o dinheiro para alguém que chegou lá por acaso ou que sabia o que estava acontecendo.

Não sei por que, a descrição que Suçuarana fez do policial que acompanhava o delegado quando se entregou no aeroporto voltou à minha cabeça: tinha aquele ar de quem ganhou na loteria, parecido com o do general. Também não sei por que, tive a impressão que o delegado pensou a mesma coisa. Bom, como dizia Suçuarana, morre um, nasce outro.

O delegado ainda perguntou, meio distraído, se tenho interesse em ficar com os papéis, digo que não, que me limito aos depoimentos de Suçuarana. Fico imaginando se ele pensou em reciprocidade, me oferece seus papéis e eu ofereço os meus. Não digo mais nada e ele volta ao seu lugar, pois o mestre de cerimônias já está postado ao lado do caixão e pergunta se alguém quer fazer uso da palavra. Waldemar cai no choro e ninguém se adianta para falar. O caixão começa a deslizar sobre a esteira e desaparece numa porta discreta na parede do fundo. Depois que o caixão passa, a porta fecha. O mestre de cerimônias avisa que a urna será entregue uma hora mais tarde. Resolvo ficar.

Waldemar se acalma, o delegado, que tirou um *notebook* da pasta, está trabalhando, os dois guardas permanecem no mesmo lugar. Silêncio total, chego a pensar que poderiam colocar uma música de fundo durante a espera.

Foi como se eu tivesse falado em voz alta: o som de um violão invade o silêncio, nítido, forte, harmonioso. Conheço essa música, é "Sussuarana", ouvi muitas vezes. Waldemar deve ter pedido que tocassem, mas não parece nem um pouco interessado, sentado de cabeça baixa, completamente desolado.

Olho em volta para ver de onde vem o som, a interpretação é maravilhosa, muito melhor do que todas que eu ouvi. E então, vejo Pernambuco, encostado numa parede lateral, as mãos enormes dedilhando as cordas, sandálias de couro e um grande sorriso no rosto.

Nem me assusto, nem me espanto. Embora nunca tivesse me atrevido a mergulhar em suas fantasias, sei que no imaginário de Suçuarana tudo pode acontecer. Devolvo o sorriso e desejo que ele continue tocando. A música é muito bonita e realmente não me importa de que mundo venha.

O som do violão desaparece suavemente, olho para o lado e Pernambuco, é claro, não está mais lá. Nunca esteve. Depois de 10 dias vivendo as histórias de Suçuarana, isso é muito natural.

O Mestre de Cerimônias retorna com a urna, parece um sólido vaso de louça, e entrega para Waldemar que deve cumprir a vontade expressa e registrada de Suçuarana também neste quesito.

Saímos todos. O delegado despede-se mais distraído ainda, Waldemar segue com a urna, os guardas dão um tempo e fico bem atrás dele. A cena é um pouco deprimente, a história toda é muito triste, sinto que ainda não me despedi de Suçuarana, vou continuar, durante muito tempo, a ouvir cada fita, procurando entender a dor de seus silêncios, o enorme esforço que fazia para construir cada frase, a delicadeza a cada vez que pedia para suprimir uma palavra ou uma frase. Mais do que tudo, acho que não me despedi do garoto que me salvou a vida.

Estou mergulhada nesses pensamentos quando soam, bem ao meu lado, os acordes iniciais da Internacional. Viro o rosto e lá está Pernambuco, sorrido e olhando pra mim:

– Eh, camaradinha, isso ainda vai dar certo!

Agora ele tinha me assustado! Não só me assustado, trouxe de volta os medos de sempre, olho rapidamente para ver se o delegado ainda está lá, não, o carro já partiu. A viatura policial ainda está lá, vão me levar, sinto o primeiro soco no ventre, depois outros e não consigo correr, alguém me segura pelos cabelos, o sangue jorra do meu útero, vou morrer, ligue vinte e três, treze, catorze, ligue vinte e três, treze, catorze! Não sei se estou em pé ou no chão, o soldado me olha compadecido, é o único olhar humano que recebo em muitos dias, preciso gritar para que ele me ouça. Tropeço nos meus pés, Suçuarana não está mais lá, não sei se me ouviu. Tento estancar o sangue com as mãos, perco o equilíbrio e, para não cair, procuro apoio nas costas de Waldemar que, com o choque, solta a urna, que bate no chão e quebra.

Enquanto Waldemar explode num choro convulsivo, repetindo interminavelmente a mesma frase – era para jogar no rio, era para jogar no rio – eu continuo tentando conter o sangue que escorre pelas minhas pernas, até perceber que o que tenho nas mãos são as cinzas.

Olho em volta sem acreditar no que vejo. Os cacos da urna estão espalhados, e as cinzas se agitam entre eles. Situação absurda. Peço mil vezes desculpas a Suçuarana, escolho um caco maior para recolher as cinzas, sem resultado porque o vento teima em levar tudo embora. No momento em que decido pedir ajuda ao mestre de cerimônias, forma-se um remoinho ao meu redor, as cinzas que recolhi e as que ainda estão no chão rodopiam, se enroscam em espiral e sobem. *Blow, ill wind blow away*, penso atordoada. Mas não é um vento, é um tornado! O tornado de Suçuarana! No alto, as cinzas fazem evoluções e ouço claramente uma voz de mulher: Bamos, Suçu! E outra de criança, repetindo: Bamos, Suçu! Olho para o chão livre de cinzas e vejo,   entre os cacos da urna, uma moeda e dois pequenos seixos.

– Promessa cumprida, Pernambuco.

Falo em voz alta e logo me contenho. As fantasias de Suçuarana estão me contagiando. Tenho que dar um basta nisso, voltar ao mundo real. Não quero fazer parte das bolhas de Suçuarana, que explodiram e estão soltas por aí.

Volto pelo mesmo caminho, as ruas já estão mais movimentadas, mas pouca gente anda pela calçada. Estou tão distraída, que nem percebo o menino passar zunindo por mim, pedalando furiosamente uma bicicleta vermelha. Só escuto:

– Gracias, Alícia!

Uma senhora que vem no sentido contrário comenta:

– Alícia é um belo nome.

Viro para trás para agradecer e ela está indo em direção a Pernambuco – violão nas costas, correia atravessada no peito – que a recebe de braços abertos. Um grande abraço de infinita saudade.

– Ceiça!

Ele diz quase num sussurro e repete o nome dela muitas vezes.

Bem, afinal, a morte não é uma transação tão solitária como queria Ray Bradbury, penso, tentando me segurar no que sei que é real, um livro publicado, um autor, o sol que bate no meu rosto, a buzina de um carro e o burburinho da cidade.

Me afasto de Pernambuco e Ceiça, preciso fugir das bolhas, mas, de repente, compreendo que não adianta fugir, eu sou uma das bolhas de Suçuarana e não tenho qualquer controle sobre a situação porque são as memórias dele que estão soltas no mundo e nada mais pode mudá-las. Das minhas, talvez eu possa cuidar.

Pernambuco percebe que agora eu entendi, que posso seguir sozinha e se despede de longe:

— Aprecio muito este seu modo de caminhar, camaradinha.

Respondo, sem olhar para trás, mesmo sabendo que estou falando comigo mesma:

— Sei, Pernambuco, com os pés sentindo a redondeza da Terra...

— Não, camaradinha, você caminha como quem sabe para onde ir.

Volto a cabeça, para ver Pernambuco uma última vez, agradecer pela frase tão gentilmente mentirosa. Não sei para onde ir e muito menos o que fazer.

A calçada está vazia, os carros que passam pela rua rodam preguiçosamente pelo paralelepípedo que brilha ao sol, uma brisa fresca bate no meu rosto. De repente, uma nuvem esconde o sol e, para evitar a sensação desagradável de escuridão repentina, busco com o olhar um ponto claro do céu. Uma pálida lua em quarto crescente flutua no espaço e, na pontinha debaixo daquela rede suspensa, vejo claramente Pernambuco em pé, empunhando o violão para o alto. Não consigo ouvi-lo, está muito longe. Não importa, eu sei o que ele está dizendo.